日本一受けたい授業

早稲田塾×大学発 スーパープログラム

水曜社

CONTENTS

THE BEGINNING OF SUPER PROGRAM
日本初、塾と大学のコラボレーション！
スーパープログラムはこうして生まれた　　　4

SUPER SCIENCE PROGRAM
スーパーサイエンスプログラム
ノーベル賞の研究は、
すでにこの中にある　　　**10**

PROGRAM MISSION:SSP
最先端のゲノム解析に、17名の現役高校生がチャレンジ！
世界で誰も解いたことのない問題に挑戦する　　　12

PROGRAM DOCUMENT:SSP
未知への扉が、今開かれる　　　14
　プレゼンテーションで養う理解する力、伝える力　　　16
　最先端の環境で〈最先端〉を学ぶ　　　18

FORWARD TO THE FUTURE
やりたいことを見つけた！
好きなことを思い切りやるためにこの手につかんだもの　　　20

SUPER ROBOTICS PROGRAM
スーパーロボティクスプログラム
世界のロボット工学の将来は、
この人材が担う　　　**22**

PROGRAM MISSION:SRP
工学的センスを磨き、世界を牽引する創造力を培う
社会に役立つ技術を身につけたトップエンジニアになる　　　24

PROGRAM DOCUMENT:SRP
モノづくりの基本を全身で体感　　　26
　頭を使い、手を動かすうちにだんだんとエンジニアの顔になる　　　28
　試行錯誤した経験は将来必ず役に立つ　　　30

PROGRAM DOCUMENT:SRP in Washington, D.C.
　大きな感動とともにエンジニアへの夢を心に刻む　　　32

FORWARD TO THE FUTURE
夢があるからがんばれる
ここで手にした喜びを明日の技術革新の原動力に　　　36

SUPER IT PROGRAM
スーパーITプログラム

未来型ネットワークを実現する、新たな試みの数々 — 38

PROGRAM MISSION:SIP
「日本のインターネットの父」が人材育成に着手
人類の未来に貢献するインターネットをつくる — 40

PROGRAM DOCUMENT:SIP
自らの可能性を追求した日々 — 42
- 手と頭をフルに使ってひらめきを導き出す — 44
- 人類に貢献する未来型ネットワークの提案 — 46

FORWARD TO THE FUTURE
飽くなき好奇心が未来を拓く
自分を試し、つかみ取った新しい可能性 — 48

SUPER CROSS-CULTURAL PROGRAM
スーパークロスカルチュラルプログラム

21世紀の国際問題を解決するリーダーを養成 — 50

PROGRAM MISSION:SC2
異なる世界の多様な価値観を体感
世界のスタンダードを知る真の国際人になる — 52

PROGRAM DOCUMENT:SC2
異文化交流で「世界」に触れる — 54
- 生身のコミュニケーションが互いに理解し合うための第一歩 — 56
- 発表する側も聞く側も参加者全員で議論をつくり出す — 58

SPECIAL INFORMATION
この大学で学ぶぞ！ 決意を新たにした記念の日 — 59

FORWARD TO THE FUTURE
物事へのまなざしを変えた3日間
共感を大切にしていけば世界は一つになれる — 60

NEXT PHASE OF SUPER PROGRAM

進化・拡大する「スーパープログラム」 — 62

THE BEGINNING OF SUPER PROGRAM

日本初、塾と大学のコラボレーション！
スーパープログラムはこうして生まれた

大学が変わる、教育が変わる、日本が変わる──！
偏差値教育に異を唱え、大学入試の抜本的改革を提言すべく、
前代未聞の教育プロジェクトが2006年からスタートした。
現役高校生のための予備校・早稲田塾と日本を代表する大学の強力タッグによる
人材育成講座「スーパープログラム」だ。
仕掛けたのは、「未来を担う日本の人財をつくる」との壮大な目的のもと
志を一にして立ち上がった変革者たち。
既成の枠組みを打ち破り、彼らはいかにして日本初の〈塾大連携〉を実現したのか？
教育界を揺るがす一つの〈事件〉として大きく報道された
「スーパープログラム」の誕生秘話が、今ここに明かされる！

Episode 1   2005.12

〈脱・偏差値〉で一致した大学と予備校の理念

　それは、予期せぬ展開だった。
　2005年もあとひと月ほどを残すばかりとなった、ある夕方のこと。たまたま同じ会合の席に居合わせていた慶應義塾大学環境情報学部の冨田勝教授が、打ち合わせが一段落したところで、おもむろに早稲田塾総合研究所主席研究員の赤坂俊輔に声をかけた。
　「偏差値教育に明け暮れる日本の受験産業に一石を投じたいのだけど、そちらのディシジョンメイクのできる方と、今度お話しできますか？」
　驚く赤坂に、冨田教授は続けた。たとえば新大学生のためのプレカレッジ的な入学前教育や、あるいは高校時代に部活を熱心にやっている生徒のフォローなど、今までにない新しい形で高校生をサポートできないだろうか。それを大学入試に直結させるわけではないが、もっと長い目で〈将来の人材を育てる〉という観点から、一緒に組んで何かできないだろうか──。
　「これは、すごいことが始まるかもしれない……！」
　赤坂は逸る胸を抑えながら、タクシーの疾走ももどかしく、早速早稲田塾のブレーンらと連絡を取り合っていた。
　　　　　　　　　＊
　現役高校生専門予備校のパイオニアである早稲田塾は、1979年の設立以来、従来の枠にとらわれない独自の取り組みを次々と実践してきた、いわば業界の革命児だ。10代の最も多感な高校時代のうちにこそ、人生を切り拓く強い意志と将来に対する

明確な目的意識を持つべきであるとの理念から、あくまで「現役合格」を掲げ、浪人生の存在しない大学受験環境づくりをめざしてきた。偏差値偏重に異を唱え、教授や研究テーマで大学・学部を選ぶべきであると提唱する。「自ら興味を持って学問を志し、わが師と仰ぐべき先生の教えを請うて門を叩き、弟子入りを許されて研鑽に励む。それが本来の大学・大学入試のあり方」というのが、早稲田塾代表・相川秀希の持論だ。

80年代末には、進路選択のきっかけをつくるべく、「大学体感カリキュラム」を本格的に開始。大学を探訪し、塾生のための講義を受ける「キャンパス体感ツアー」、大学教授を塾に招いて聴講する「特別公開授業」などがその内容で、高校生のうちから大学・大学院での学びの一端に触れ、興味のあるテーマや分野を見つけるための環境を提供する。近年流行りの高大連携を先取りするこうした〈塾大連携〉で、早くから大学や大学教授と太いパイプを築いてきたのだ。

世界的なサイエンティストである冨田教授も、98年から毎年のように大学体感カリキュラムに参加し、早稲田塾生たちに自分の専門である生命科学のおもしろさや魅力を語ってきた。教授自身、かねてから「試験の点数や単位をとるための勉強などナンセンス。学問や勉強は本来おもしろいものだと伝えることが教育者の使命であり、それが本来の教育の姿」との信念を持っており、公開授業などで出会う塾生たちの目の輝きや旺盛な好奇心に、大きな手応えを感じていた。今回、高校生を対象にした新しい試みを仕掛けるにあたって冨田教授が早稲田塾をパートナーに選んだ背景には、こうして10年近くかけて積み上げてきた信頼関係があったのである。

＊

暮れも押し詰まった2005年12月9日。冨田教授との協議の会場として、相川は麻布にある馴染みのイタリアンレストランを選んだ。これから、大学教授と予備校代表が、膝を突き合わせて新たな教育のかたちを話し合うのである。

冨田教授は重めの赤ワインをたしなみながら、「高校生が好きな分野を自ら選んで、とことん勉強する。大学は、その姿勢を評価して受け入れる。それこそ真の教育であり、大学受験のあるべき姿。そういう新しい流れをつくりたい」と熱く語った。「やりましょう。これは人材育成です。日本の将来を担う可能性を秘めた才能を発掘し、育てるためのチャレンジです」と相川も応えた。二人は大いに意見を交換し合った。

長い間、日本の大学受験においては偏差値が最重要視されてきた。偏差値の高い順に大学がランキングされ、上位にある「ブランド大学」への合格が、まるで人生最大の目標であるかのように位置づけられた。各自の偏差値に合わせて志望大学のランクを上げたり下げたりするなど、受験生も保護者も高校も、この2ケタの数字に一喜一憂してきたのだ。偏差値を上げることが目的化する中、大学で好きな分野を学ぶために努力する喜びも、

好きなことをとことん勉強し、それを評価されて大学に入る。そんな新しい流れをつくりたい。

未来の人材をつくるには、大学受験のあり方を根本的に変えるしかない。

学問本来のおもしろさも見失われた。

そんな現状を強く危惧する冨田教授は、「国際的に日本の学生の学力は低くはないのに勉強嫌いが多い」と指摘。相川も、「偏差値はもう時代遅れ」と強調する。

高度成長期以降、右肩上がりの経済とともに全員が同じゴールをめざす中、大量の規格品としての人材を効率よく選別するためには、偏差値やマークシートなどは確かによく機能してきた。しかし、バブル崩壊や学生人口の減少などを経て、時代の求めるビジネスモデルも人材像も激変した現在にあっては、すでに制度疲労を起こした前世紀の遺物でしかない。偏差値だけで大学進路を決めるという悪習を、そろそろ改めるときだ。

意気投合の末、二人の到達した結論は、「未来の人材をつくるには、大学受験のあり方を根本的に変えるしかない」だった。

大学受験を変えるには、冨田教授の言うように「好きなことを思い切り楽しんで勉強する」という学問の王道に立ち返るしかない。ならば、高校生のうちから最先端の研究の息吹に触れ、そのおもしろさを知ることのできる特別な体験を用意しようではないか──こうして、最先端の大学と次世代型の予備校による固いパートナーシップのもと、旧来の枠組みを壊すべく、かつてない未来志向のビッグ・プロジェクトが動き出した。

Episode 2　　　　　　　　　　　　　　　　　　2006.3

〈学びの先取り〉で共鳴し国立大学とも連携が決定

2006年1月30日、読売新聞の見出しは〈慶大が予備校「早稲田塾」と共同講座〉と伝えた。前年12月の冨田教授との合意が、最新の生命科学を体験する特別講座「スーパーサイエンスプログラム」として具現化したのだ。

大学・大学院の学問領域に分け入る先端研究に高校生を参加させるという前代未聞の試みは、教育界に驚愕をもって迎えられた。しかも、早稲田塾生以外にも門戸を開放し、受講料も無料。いずれも「日本の人材を育てる」という大目標のためには機会均等が必要との認識に基づく英断だった。続いて2月23日には、朝日新聞も〈大学と予備校が共同で最先端の科学技術体験を高校生に届ける〉と大きく報じるなど、新時代の到来を予感させる日本初の塾大連携プロジェクトは、各方面から注目された。

当然のことながら、このプログラムに参加することで大学への入学が保証されるわけではない。しかし、「これをきっかけに自分の追求したいテーマを見つけて大学入試にチャレンジしてほしい」というのが狙いである。その背景には、近年の大学入試に見られるAO入試の急増傾向があった。

＊

AO入試とは、ここ数年で急速に普及してきたAO（アドミッションズ・オフィス＝入学選考事務局）による自由応募入試。

慶大が予備校「早稲田塾」と共同講座

〔新聞記事抜粋〕……て導入しているだけ……を目指す高校生に……ない講座と……

3年……を選抜

……野で、高校2、3年生を対象に開講する。受講生は4月から8月まで7回程度、冨田教授ら慶大の教員と、学院生らのプロジェクトに取り組む。早稲田塾の講師の指導を受け……なく、実験や討論、食事などを交えた交流も重視。大……ても応募可能で、早稲田塾に通っていな……では、米誌タイ……読んだ……国際会議で発表できる力をつける……

東工大 塾と連携講座

東京工業大は5月から、高校2、3年生を対象に、予備校の早稲田塾（本部・東京）と共同で、定員約15人。塾生以外にも門戸を開き、4月23日に選抜する。ロボット工学の第一人者、広瀬茂男教授が連続講座を開く。日程は8月までに7回程度。「エンジニアとしての…ロボティ…スを見たい」として、…を見たい…

　筆記試験は行わず、書類審査と面接で目的意識や主体性を評価する。5教科7科目でまんべんなく平均点をとれる生徒より、一つでも突出したものをもつ生徒に可能性を見出そうとの考えから、高校での学業および学業以外の成果によって多面的に選考するのである。外国では一般的なスタイルだが、日本では普及が遅れてきた。最近になって、従来の画一的な選抜試験に代わる新しい入試方式として導入する大学が急増している。慶應義塾大学は1990年、湘南藤沢キャンパスで、その開設と同時に全国で初めて導入。一方早稲田塾は、予備校として日本で唯一、論文や志望理由書の書き方から面接での話し方、プレゼンテーション方法まで、きめ細かくAO入試の本格的指導を行っている。

　一部には、「AOは基準が曖昧で学力軽視につながる」「学生ほしさの青田買いの手段だ」などの批判もあるが、冨田教授も相川代表もこれを「大学のハードルが低くなったと思ったら大間違い」と一蹴する。なぜなら、AO入試では学科試験でいい点数をとる以上に多様な能力が要求されるからだ。論文や面接では、たとえば自主的に関わった自由研究やボランティア活動についてのアピールぶりが問われる。自分のテーマをその大学・学部に結びつける構築力と、それを論証するプレゼンテーション力、論理力、発想力が求められるのであって、通り一遍の表現や付け焼き刃的な知識の受け売りは通用しない。

　大学受験改革におけるAO入試の重要性に対するこうした共通認識もまた、大学と塾の連携を後押ししたともいえるだろう。ここで得た知識や体験を武器に積極的に志望大学へ挑戦してもらいたいとの思いから、「スーパーサイエンスプログラム」のカリキュラムには、生命科学の基礎講義・実習に加え、プレゼンテーションやディスカッションの訓練も多く盛り込まれた。

*

　そして3月。「スーパープログラム」の理念に共鳴する教授が、もう一人現れた。東京工業大学大学院教授で、ロボット工学の世界的権威でもある広瀬茂男教授である。

　「モノづくりのセンスは、大学に入ってから教えてもなかなか身につかない。もっと早くからそのおもしろさに触れさせるべき」。自身は小さい頃からモノをつくるのが好きで、それが高じて大学まで来た。しかし、「今の子は成績がいいから東大か東工大にでも、と興味や関心に関わりのないところで大学を決めている」と、偏差値による進路選択を疑問視する。だから、高校生が大学・大学院での学びを先取りするという取り組みに賛同したのである。こうして、東京工業大学との連携のもと、最先端のロボット工学を体験する「スーパーロボティクスプログラム」

スーパープログラムで得た知識や体験を武器に、積極的に志望大学へチャレンジしてもらいたい。

THE BEGINNING OF SUPER PROGRAM

変えてもらうのを待ってはいられない。
塾と大学が手を携えて、自ら変えていく。

が立ち上がった。「国立大学と予備校が手を組む」というニュースは、教育関係者たちを再び驚かせた。

Episode 3　　　　　　　　　　　　　　　　　　2006.7

既成概念を打ち破る
〈推薦枠獲得〉の衝撃

　4月に開講した「スーパーサイエンスプログラム」に続き、「スーパーロボティクスプログラム」も無事開講した5月には、冨田教授とともに慶應義塾大学環境情報学部で教鞭をとる村井純教授との連携による「スーパーITプログラム」も決定した。村井教授といえば、「日本のインターネットの父」として並びなき功労者。その指導のもと、若い頭脳と感性でインターネットの可能性を追求し、社会貢献しようというのである。

　「未来の人材育成のため、大学入試システムを変革する」という志を打ち立ててから半年あまり、予想以上のスピードで「スーパープログラム」は発展してきた。教育の閉塞感を打破しなければ、日本から世界を担う人材は育たない、という強い危機感を共有する教育界のイノベーターたちが、古い枠組みや線引きを越えて改革の手を取り合ったといえる。今までになかった一つのムーブメントが起こりつつあった。

　　　　　　　　　　　　　＊

　その流れが最高潮に達したのが、2006年の夏である。7月5日の読売新聞に掲載されたある記事が、教育界に衝撃を与えた。

　「予備校に推薦入試枠」――。立命館アジア太平洋大学が、2007年度入試から早稲田塾に推薦枠を設けたというのだ。従来、大学の指定を受けた特定の高校に分配されてきた推薦枠が、まったく実績のない予備校に初めて与えられたことになる。

　同大は、国際社会で活躍するリーダーの育成を掲げて2000年に開学した新しい大学。学部生の半数近くが国際学生で、授業を英語・日本語の両方で行うなどのユニークさが特色だ。学長のモンテ・カセム氏は、スリランカ大学と東京大学大学院で建築学と都市工学を修め、地域開発研究などで活躍してきた異才。「多様性の中にこそ、創造が生まれる。しかし、日本社会にはその環境が整っていない。若い世代から意識を変革し、創造の世紀にふさわしい人材を育てなくてはならない」との理想が、大学体感カリキュラムやAO合格指導、そして「スーパープログラム」に力を入れる早稲田塾の理念と一致したのだ。新しい教育のための共同作業が行えると判断したカセム学長は、早稲田塾への

予備校に推薦入試枠

立命館アジア太平洋大学（大分県別府市、モンテ・カセム学長、略称APU）が来春入試で、高校生向け予備校「早稲田塾」（本部・東京、相川秀希代表）の……ことが明らかになった。

早稲田塾は東……で13校を展開。10年ほ……から、偏差値ではなく、学ぶ内容での大学選びを提唱し、AO入試や推薦入試向けのプログラムを充実させてきた。今年度からは、……校2、3年生を対……直接募集し、語学能力と……今回の早稲田……

立命館アジア太平洋大……め、出身国・地域はアジアを中心に74にものぼる。授業の約7割を日英2言語で行うユニークな大学。入学者760人中約200人が、様々なタイプのAO入試での選抜だった。さらに例年70～80人が指定校からの推薦で入学している。
留学生の選抜は海外でも……

推薦枠を決めると同時に、同大の学生たちとともに国際問題を解決する能力を磨く「スーパークロスカルチュラルプログラム」の開講も即断した。

※

「スーパークロスカルチュラルプログラム」の指導にあたった立命館アジア太平洋大学の横山研治教授も、慶應義塾大学の冨田教授と同様、AO入試の重要性を指摘した。「学科試験が一番公平な手段だと誤解されているが、学生の顔が見えない試験では本当に大学に合った学生を獲得できない」。同大では、50人ものAO専門スタッフが、毎年山のような審査書類と格闘している。青田買いの手段などとはとんでもない、AO入試は手間もコストも相当にかかる仕組みなのだ。その本来のメリットは、学科試験の結果だけで人材を「切り捨てる」ことなく、点数だけでは測れない能力や意欲の持ち主を発掘できることにある。選抜する側の意識や選択眼次第で、大きな可能性を持つ「人財」を得ることができるのである。現に、AOで選抜した学生の潜在能力を存分に発揮させる場をきちんとつくっている大学では、AO入試組がリーダーシップをとり、卒業後も多彩に活躍するケースが多い。一般入試では見出せない才能を認め、生かし、伸ばしていける環境をつくることは、現在の日本にとって喫緊の課題だといえるだろう。

　AOを含めた推薦入試を採り入れた学部は、ここ5年間で激増している。文部省の調べでは、私立大入学者における一般入試組は年々減少し、2008年度には半数を割り込むことが確実となった。さらに国公立大学でも、08年度からAO・推薦枠の上限を3割から5割に引き上げることを決定した。時代はまさにAO・推薦入試主流へと激変しつつあるのである。

※

　四つの「スーパープログラム」に参加した高校生たちは、大学・大学院レベルの最先端研究に喜々として取り組んだ。自分なりのテーマを見出し、必要とあらば苦手な学科に取り組むことも厭わない。昨日までとは、明らかに違う自分がそこにいた。何が彼らを変えたのか――ある一人の受講生はこう言った。

　「だって、勉強がめっちゃおもしろいから。皆でこんなおもしろい勉強ができるんだもん、超熱中するよね」

　勉強嫌い、点数稼ぎ、偏差値ランキング、受験地獄、不登校……山積する問題を笑い飛ばすような、実に明快な答えだった。

　好きなことのための勉強ならがんばれる。長い間おざなりにされてきたこの基本に立ち返れば、わが国の大学入試は、そして大学のあり方は大きく変わるはずだ。基本法改正や未履修問題などで揺れる教育界の現状を尻目に、相川代表は言う。

　「変えてもらうのを待ってはいられない。塾と大学が手を携えて、自ら変えていく」

　教育を変える、日本を変える――答えは、「スーパープログラム」の中にある。

**勉強がめっちゃおもしろい。
こんなおもしろい勉強が
できるんだもん、
超熱中するよね。**

SUPER SC
PROGRAM

スーパーサイエンスプログラム

ノーベル賞の研究は、
すでにこの中にある

「好きなことのためにする勉強は最高におもしろい」という冨田教授の信念から始まったスーパープログラムの第1弾は、最先端のバイオサイエンスに挑むスーパーサイエンスプログラム（以下、SSP）。バイオ研究で世界のトップを走る慶應義塾大学の協力を得て、ゲノム解析、システムバイオロジー、細胞シミュレーションなど、未知の領域に17名の現役高校生が足を踏み入れた。最新の研究成果をもとに若い頭脳を鍛え、生命

IENCE

コロニーに光を当てると、見事にグリーン蛍光タンパク質が発光した。

PROGRAM MISSION:SSP

最先端のゲノム解析に、17名の現役高校生がチャレンジ！
世界で誰も解いたことのない問題に挑戦する

慶應義塾大学環境情報学部長兼教授
冨田 勝
Masaru TOMITA

1957年生まれ。1981年慶應義塾大学工学部数理工学科卒業。カーネギーメロン大学コンピュータ科学部大学院修士課程、博士課程修了。工学博士、医学博士。専攻は先端生命科学、システム生物学、バイオテクノロジーなど。先端生命科学における世界的第一人者で、その研究は文部科学省21世紀COEプログラムにも採択されている。慶應義塾大学先端生命科学研究所所長も務める。

先端生命科学の第一人者であり、世界で最も注目されているサイエンティストの一人でもある冨田勝教授を特別講師とするSSP。「生命科学は、世界でまだ誰も解いていない生命の謎に挑む学問。わからないことばかりだからこそ挑戦しがいがある」との理念のもと、バイオの基礎講義やコンピュータ解析実習、慶應義塾大学先端生命科学研究所での実験など、全7回にわたるプログラムが展開された。

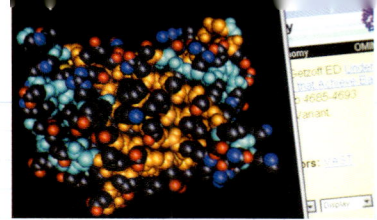

スーパーサイエンスプログラム開催DATA
実施期間／2006年4月16日～8月5日、日曜日を中心に月1～2回開講
対象学年／高校2・3年生
参加人数／早稲田塾の内外から17名
実施会場／早稲田塾秋葉原校、
　　　　　慶應義塾大学湘南藤沢キャンパス（SFC）、
　　　　　慶應義塾大学先端生命科学研究所（山形）
受講料／無料

Lecture: 0
- オリエンテーション
- 準備講座「GENOME」

早稲田塾秋葉原校にて

Lecture: 1
- 特別公開授業「君は何のために大学に行くのか」
- 開会式
- 懇親会

早稲田塾秋葉原校にて

● **まず、勉強の目的から考えてみる。**
受講にあたり、冨田先生はまず「なぜ大学に行くのか」を徹底的に考えさせた。何のために勉強するのかという原点に立ち返り、自分なりの目的を見つけることが人生の本当のスタートだ。

Lecture: 2
- バイオ基礎講義①
- 実習A「ゲノムのコンピュータ解析実習と生命進化」
- 懇親会

早稲田塾秋葉原校にて

● **コミュニケーションは何より重要。**
勉強のあとは、ティーパーティでリラックス。何気ない会話や雑談の中から、斬新なひらめきやとてつもないアイデアが生まれるかもしれない。そんな知的なサロンが毎回開かれた。

Lecture: 3
- 演習A&ディスカッション「ゲノムのコンピュータ解析実習と生命進化」
- プレゼンテーション「ゲノムのコンピュータ解析実習と生命進化」
- 懇親会

早稲田塾秋葉原校にて

● **世界で一番進んでる高校生!?**
コンピュータを駆使してゲノム解析に挑戦するなんて、そんな高校生はおそらく世界にもほとんどいない。でも、目的意識と強い意欲があれば、どんなハイレベルな勉強だって不可能ではない。

Lecture: 4
- 特別公開授業
- バイオ基礎講義②
- 実習B「心筋細胞のシミュレーション実習」
- 懇親会

早稲田塾秋葉原校にて

Lecture: 5
- 演習B&ディスカッション「心筋細胞のシミュレーション実習」
- プレゼンテーション「心筋細胞のシミュレーション実習」
- 懇親会

早稲田塾秋葉原校にて

● **プレゼン能力をとことん鍛える!**
自分の意見や提案を相手に伝え、共感を得るためのプレゼンテーションは、大学の推薦入試だけでなく社会に出てからも要求される能力。この基本的な力を徹底的に訓練することが大切だ。

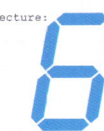

Lecture: 6
- プレゼンテーションコンテスト

慶應義塾大学湘南藤沢キャンパス（SFC）にて

Lecture: 7
- ［バイオキャンプ（2泊3日）］
- DNAの塩基配列解析実験
- バクテリアに動物の遺伝子を挿入する分子生物学実験
- 生命誕生に関する討論会
- 閉会式

慶應義塾大学先端生命科学研究所にて

● **本格的なバイオの実験にも参加。**
慶應義塾大学の誇る先端生命科学研究所で、白衣を着て最先端のバイオの実験にチャレンジ。世界でもまだ誰も解いたことのない、謎の多い生命科学という分野のロマンや魅力を満喫した。

未知への扉が、今開かれる

PROGRAM DOCUMENT:SSP

サイエンスの中でも最も未開拓の領域が多く、大きな可能性を秘めているといわれる生命科学。そんな最先端の学問分野への挑戦は、まず「ゲノム」とは何かを理解し、その解析に用いるコンピュータを使いこなすことから始まった。基礎の講義を受け、パソコンで検証し、ディスカッションで理解を深め、成果を皆の前でプレゼンテーションする……それも、ときには英語で。何もかも、学校の授業では習ったことのない初めての体験ばかりだ。冨田教授をはじめとするSFCの教員や研究者の全面的サポートのもと、受講生たちは目を輝かせ、次々と課題に取り組んだ。

生命とは何か——。永遠の謎ともいうべき、この壮大なロマンを解き明かすことが生命科学の役割だ。その最大のおもしろさは、「正解がない」ことだと冨田教授は言う。

「僕は若いころ、学校の勉強はあまり好きではありませんでした。先生が答えを知っていることしか教えてくれないからつまらなかった。インベーダーゲームに熱中した経験から大学では人工知能を学びましたが、生物の仕組みにかなうわけがないと悟り、医学部で勉強し直して、生命科学の世界に入りました。この分野では、まだ誰も解いていない問題が多く、正解がないことがほとんどです。だから最高におもしろい」

SSPの最初の講義で、冨田教授は受講生を前にそう語りかけた。

SFCが主導する最先端の生命科学

冨田教授が環境情報学部長を務める慶應義塾大学は、生物学とITを融合させたバイオインフォマティクスやシステムバイオロジーなど、新しい生命科学の分野で世界トップレベルの研究実績を誇る。

1990年代以降、ゲノム（全遺伝情報）の解析とともに発展してきた生命科学は、2003年のヒトゲノムの完全解読によって新しいフェーズを迎えた。ゲノムとは細胞の核を形成するDNAに含まれた塩基の配列情報で、いわば生命の設計図。その一文字一文字に生命現象のメカニズムを司る重要な遺伝情報が書き込まれている。だが、ヒトゲノムの総文字数は、なんと30億！この膨大なデータは、ただ解読しただけでは意味をなさない。これを解析し、医学や産業などに応用していくには、ITの力が不可欠である。ゲノム解析、およびそれに伴うアルゴリズムやソフトウェアの開発は、全世界における21世紀の最重要課題と位置づけられている。

そんな最先端の生命科学を先導するのが慶應義塾大学だ。冨田教授らの研究グループは、コンピュータを最大限に駆使した細胞シミュレーションなどで、他の追随を許さぬ成果を上げているのである。

今回、SSPを受講する17名の現役高校生たちは、世界中の研究者が注目する最新鋭の研究の一端に触れることになったのだ。

「半学半教」の精神で学び合う場

人工知能は生物にかなわない、という冨田教授の言葉通り、生物の身体の仕組みや生命現象は実に神秘的だ。生命の起源や記憶のメカニズムなど、科学技術がこれだけ進歩した現代でも、いまだ解明されない謎は多い。「だからこそ誰にもチャンスがある」、と冨田教授。

「まだ誰も解いたことがないのだから、高校生、大学生、教授の間に垣根はありません。みんなで話し合ったり、仮説を立てたり、実験したりする中から新しい発想やひらめきが生まれるんです」

それはまさしく、慶應義塾大学の創始者である福澤諭吉が唱えていた「半学半教」の精神そのものである。冨田教授をはじめとする慶應義塾大学の教員や学生は、共に学び、共に教え合うという考え方を大学で実践しており、今回のSSPにもその理念がしっかりと受け継がれた。

SSPには冨田教授のほか、TA（Teaching Assistant）として慶應の大学院生らも参加したが、従来の学校での授業のように、教員が一方的に教えるわけではない。基礎講義にしてもヒントを出して考えさせ、積極的に質問させるスタンスで、教員と受講生が共同作業によってプログラムを進めていく。受講生同士も頻繁にディスカッションやプレゼンテーションを行うなど、全体を通してコミュニケーション、コラボレーションの場をつくることに主眼が置かれた。毎回、締めくくりにティーパーティや食事など懇親会を採り入れたのも、「互いに刺激し合って新しいアイデアを生み出す」という冨田教授の発案によるものだ。

そんな自由で活発な空気の中、理想的な学びの環境下でSSPは展開していった。

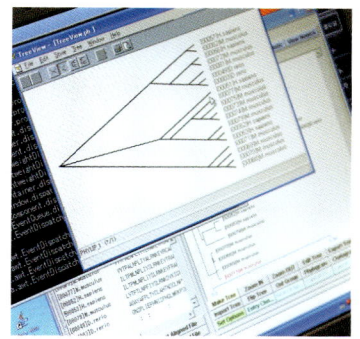

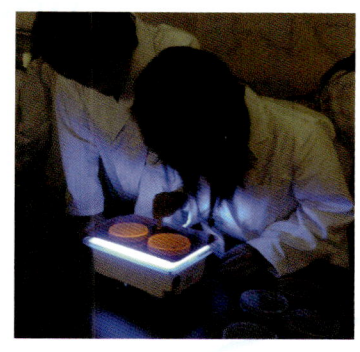

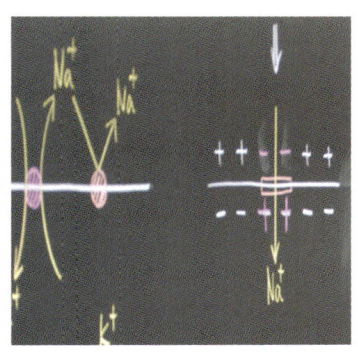
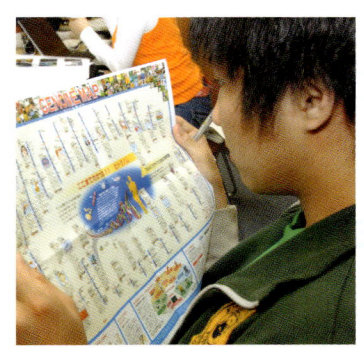

左上から右へ順に：コンピュータを使った細胞シミュレーションに挑戦／サイエンスのおもしろさについて語る冨田教授／バクテリアを培養したコロニーを光源にかざして発光を確認する／冨田教授自らデータの読み方などを指導／モニタの数値を見守る目つきも真剣そのもの／パソコンの操作もどんどんスピードアップしてくる／細胞のイオンチャンネルの構造を知る／「ゲノム」の概念図に見入る受講生／グループワークによる協調・協働も学ぶ／細胞膜の仕組みについて説明するTA／シミュレーションがうまくいったときには思わず笑顔が／手順を確認しつつ作業を進める

プレゼンテーションで養う
理解する力、伝える力

PROGRAM DOCUMENT:SSP

上：3人で1チームを組み、自分たちで立てた仮説についてプレゼンテーションする受講生
左：「間違いというのは非常に重要。ノーベル賞のほとんどは間違いから始まっているくらい。最初はどんどん間違え」と、プレゼンに臨む受講生を励ます冨田教授

自ら能動的に学ぶ楽しさを体感

　SSPの最大の特長は、プレゼンテーションの機会を多く設けたことである。
　自分で選んだテーマについて、仮説や検証によって導き出した結論を人前で発表する──しかし、プレゼンテーションは、今まで学校でやってきた口頭発表などとはまったく違う。冨田教授はこう説明した。
　「研究活動において、プレゼンはものすごく重要です。いい成果を出してもプレゼンしなかったら研究してないのと同じ。だから皆さんに何度もやってもらいます。さらに、プレゼンでは聞いている人の心を捉え、感動を与える必要があります。そうでないプレゼンは、プレゼンとは言いません」
　SSPでは3回にわたってプレゼンテーションを行った。最初は、実習A「ゲノムのコンピュータ解析と生命進化」を終えた後、数人ずつ6組に分かれて実施。持ち時間は

各7分だ。テーマは「癌抑制遺伝子」「感情の遺伝子」「コラーゲン遺伝子」など人間にとって身近なものが多かったが、中には「biological clock（体内時計）」についてすべて英語でプレゼンした強豪チームも。最初は皆やや緊張気味で早口になりがちだったが、質疑応答では互いに突っ込んだ質問が飛び交い、TAや教授も交えて闊達な議論に発展する場面もあった。

終わってみると、初めてとは思えないレベルの高さ。冨田教授は「いいプレゼンの条件は、画像上に文字が少ないこと、棒読みをしないこと、最初に言い訳をしないことですが、皆さんはいずれもクリアしていました」と評価し、急遽、予定になかった表彰を行ったほどだった。

受賞した一人は、「今までは先生たちに教えられるという受動的な学びで、自分から学びたいという姿勢がなかったけれど、この機会に能動的な学びの大切さを学びました」とコメント。プレゼンに取り組む中から、積極的な学びの姿勢と、人に伝えることの楽しさを知ったようだ。

プレゼン能力こそ社会の求める力

2回目のプレゼンは、実習B「心筋細胞のシミュレーション」を終えた後に行われた。前回受賞の5人がばらける形で新たに6チームを編成し、それぞれ与えられた「共通課題」と「自由課題」に取り組むことに。前回の経験を踏まえ、スピーチの練習や段取りの確認に取り組む様子が目立った。

7分の制限時間内で二つの課題について過不足なく発表するのは大人でも難しいが、どのチームも手際よくまとめ、教授やTAを再びうならせた。「まだ2回目なのに、短時間で要領よくまとめ、説得力十分に展開した能力は大変なもの」と、冨田教授も彼らの向上心と集中力を絶賛。

そして最後は、いよいよ一人ずつのプレゼンだ。制限時間は、「大学生が1学期間にやってきたことを成果発表する時間」だという5分。17名それぞれが、今まで学んできたゲノム解析や心筋細胞シミュレーションからテーマを設定し、高度なプレゼンテーションを展開した。「電位依存性カルシウムチャネルについて」が最優秀賞に、「メンタルに関与するドーパミンとセラトニン」「心筋細胞の完全自律化について」「環境上の微生物の進化」が優秀賞に輝き、2年生からも3人が敢闘賞を受賞した。

「皆さんのレベルは本当に高く、大学生とほとんど変わらないような立派なものでした。プレゼンの能力を持った人が社会で活躍するんです。いわゆる〈学力〉ではないこうした力を身につけて、それを武器に大学へ入り、大学の研究でさらに磨いて、社会に貢献する人材になってもらいたい」

冨田教授の言葉が、全員の心に刻まれた。

「課題は難しかったけど、徹底的に突っ込んで調べたり、何度もシミュレーションするのはすごく楽しかった。一つわかったらもっと知りたくて、どんどんおもしろくなった」

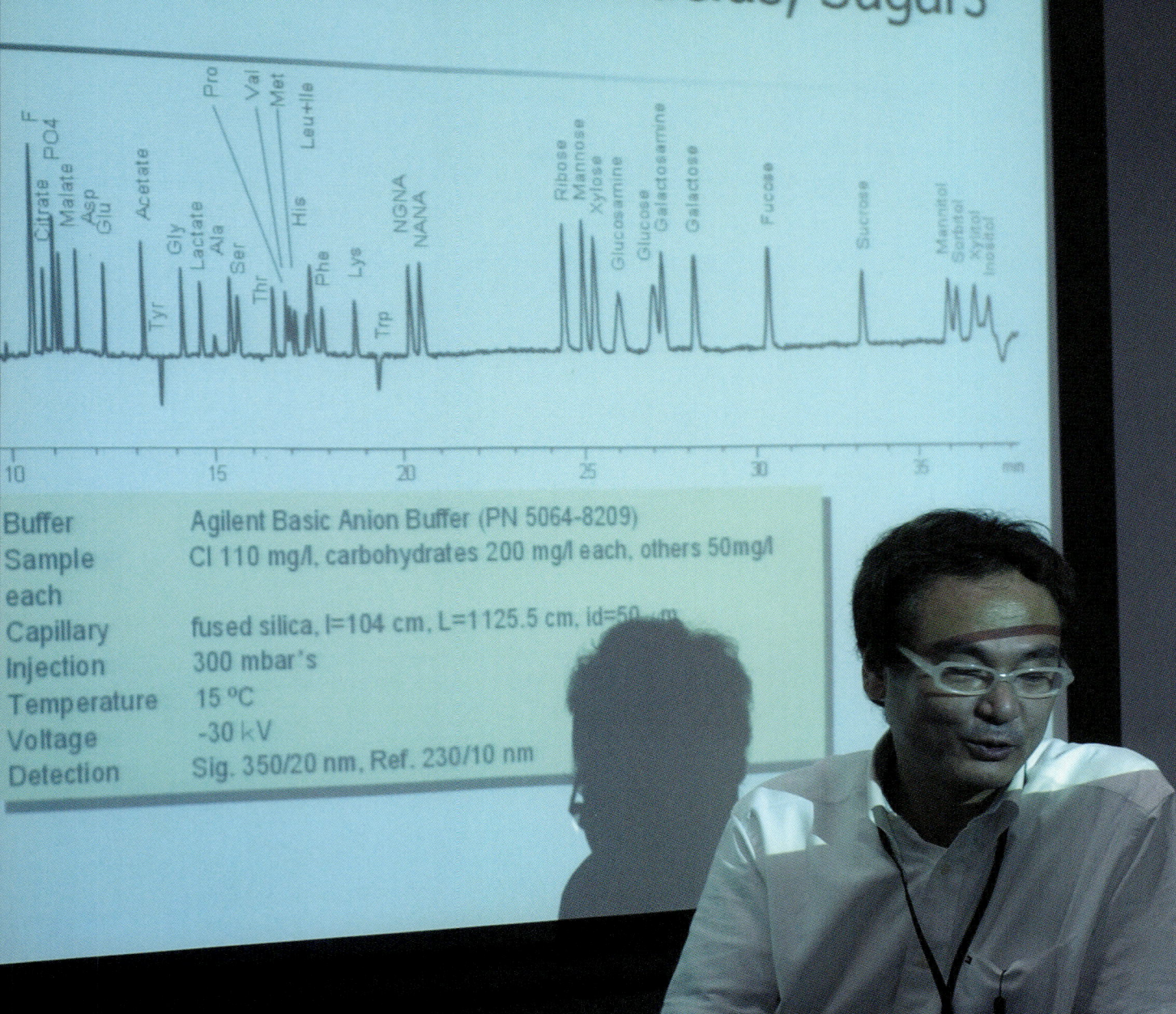

「21世紀は、細胞のふるまいをコンピュータシミュレーションで考える、新しい生物学の時代になる。新しい学問だからこそ皆さんにもチャンスがある」

PROGRAM DOCUMENT:SSP

最先端の環境で〈最先端〉を学ぶ

左：遺伝子増幅に用いる精製溶液を慎重に扱う
上：実験装置をのぞき込み、「うまくいったかな？」
〈生物X〉の謎の遺伝子の正体に、ワクワクしながら
少しずつ近づいていく

最先端のバイオの拠点で実習体験

SSPの締めくくりは、慶應義塾大学が世界に誇るバイオの拠点、先端生命科学研究所での2泊3日のバイオキャンプだ。従来の生物学の方法論を覆す「メタボローム（分子データを網羅的に収集し、それをITで理解・統合・再現する技術）」をはじめとする数々の特許を有し、大学発のバイオベンチャーも擁する最先端の研究所で、現役高校生が研究員や大学院生とともに本格的な実験やコンピュータ解析に携わるのである。

最新の機器が並ぶバイオラボ棟の実験室へものめずらしそうに入った受講生たちは、研究員さながらに白衣を着用。これから、ある〈生物X〉からタンパク質の遺伝子を抽出、増幅し、シークエンシング（配列解析）やクローニング（遺伝子増殖）などの操作を経て、最終日までにその正体をつきとめるのだ。

初日はDNAの増幅実験から始まった。ピペットやチップなど器具の使い方、溶液の扱い方、装置の操作とともに、「DNAの遺伝子配列を調べればタンパク質の配列がわかる」という分子生物学の基礎理論を学ぶ。真剣な眼差しで初めて触る機器の説明を聞き、講義メモをとる受講生たち。

次に、「コンピュータ上にバーチャルな細胞をつくり、シミュレーションにより記憶をよくする薬を開発する」演習に挑戦。細胞のふるまいをITの力で理解し応用することの意義を知った。また夕食後、冨田教授が仕掛けた「生物は地球で誕生したのか、宇宙で誕生して地球に来たのか」のディベートは、大いに白熱し深夜に及んだ。

サイエンスは最高におもしろい！

2日目は、遺伝子を増幅させた物質からシークエンシングで配列を読み取る実験と、代表的なモデル生物である大腸菌に遺伝子を組み込んで培養するクローニングにチャレンジ。「電気泳動」という、この研究所が特許をもつ最先端技術でDNAの増幅を確認し、寒天プレートで菌の培養を試みる。正確で緻密な操作が要求されるが、機器を扱う手つきもだいぶそれらしくなってきた様子。夜はお楽しみのバーベキューで、教員や仲間との親交を深め合った。

そして、最終日。シークエンスで得た塩基配列をコンピュータで分析し、それを遺伝子データベースで検索する。いよいよ、謎の〈生物X〉の正体が明かされるときだ。

検索の結果、増幅させた遺伝子はグリーン蛍光タンパク質であることが判明。それなら、大腸菌の中に蒔いた遺伝子もそのような反応を示しているはず……どきどきしながらコロニーに光を当てると、見事に発光が確認された。光った瞬間、「わーっすげえ」「きれい！」と歓声が上がる。バイオの実験とコンピュータ解析の両面から、謎の遺伝子をつきとめた達成感──この感動は忘れられないものとなった。

「学校ではなかなか教えられないサイエンスのおもしろさを伝えたい。そのために皆さんにここに来てもらった」という冨田教授の思いを、全員が共有した瞬間だった。

From INSTRUCTOR

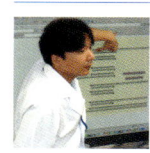

ヒューマン・メタボローム・テクノロジーズ株式会社
研究開発部研究員
理学博士
大橋由明さん

この3日間が人生を変えるかもしれない

毎年全国の高校生を対象に「慶應サマーバイオキャンプ」を開いていますが、今年の子たちが一番元気でパワーがありました。皆の笑顔を見て、やってよかったと思ってます。たった3日間でしたが、もしかしたらこのたった3日間が、彼らの人生を左右するかもしれない。そう思っています。

OUTCOME
実力で勝ち取った成果

SSPに参加した、17名の現役高校生たち。このプログラムを体験することで、彼らは見違えるように変わった。「勉強っておもしろいんだ」ということを肌で感じたのをきっかけに、勉強の仕方や取り組みの姿勢がいっそう積極的になった。とくに3年生は、自分の興味分野、あるいは将来やりたいテーマなど、各自が目標を設定。その実現の足がかりとして、彼らのうち多くが、9月と11月のAO入試に果敢にチャレンジした。そして見事、第一志望大学に合格を果たしたのだ。

もちろん、これは実力で勝ち取った結果である。自分の思いをプレゼンで鍛えた表現力で情熱的にアピールし、それを評価されて選ばれたのだから。それほど明確な目的意識と強い意欲を持ち得たのは、SSPという特別な授業によって、学ぶことの真の意味や喜びを知ったからにほかならない。

好きなことを思い切りやるために
やりたいことをこの手につかんだもの

冨田先生から
「**贈る言葉**」

MESSAGE
夢なき者に喜びなし──〈普通の大学生〉になるな！

SSPの修了式で、僕は彼らに「このプログラムで学んだこと、体験したことを活かして、2年生は進路を、3年生は大学を選んでほしい」と言いました。自分でやりたいことを決め、それを深めるために大学に行くべきだからです。

大学は、受験競走のゴールではありません。夢を実現する最初のステップです。そのために、やりたいことをとことんやる〈普通の大学生〉になるな、と言いたい。

いい成績をとれば、いい大学、いい企業に入って安泰な人生を送れる、という〈神話〉は崩壊しました。現在は、まじめに働いても必ずしも報われるわけではない時代です。ときには人と違ったことで勝負し、それを武器に生きていかなければなりません。実力を磨くという当たり前のことをして、「独立自尊」の精神で社会に出ていってほしいと思います。

SSPで共に学んだ皆さんへのはなむけとして、吉田松陰の言葉を僕なりにアレンジして贈ります。「夢なき者に理想なし。理想なき者に目標なし。目標なき者に達成なし。達成なき者に喜びなし。故に夢なき者に喜びなし」──夢を実現する喜びを味わってほしい。

僕は近い将来、生命科学で〈地球は丸かった〉に匹敵するほどの大発見が必ず起こると思っています。ぜひ皆さんの中の誰かに、それを見つけてほしいと願っています。

充実度200％！
Impressions

ただ丸暗記するのではなく、なぜこうなるのかということを考えるなど工夫して、なるべく勉強を楽しんでいこうと思えるようになりました。　　　　　　　　　（3年生 女子）

自分がやろうと思えば何でもできるということ。そして、知らないことやわからないことは恐くない、むしろおもしろいんだということを学んだ。　　　　　　　（3年生 男子）

本来の勉強というものの姿、研究の楽しさを教えてくれた冨田教授と、SSPという企画、そしてこの場で得た友人みんなに感謝します。　　　　　　　　　　（3年生 男子）

わからないことはとことん追究するという姿勢が身についた。SSPに参加してから、わからなかったらそのままにせず、徹底的に調べるようになりました。　　　　（2年生 女子）

やりたいことを本格的にやれる大学があることを知った。大学に行けばやりたい研究を思う存分できる！　　　　　　　（2年生 男子）

ふだんの学校の勉強だけでなく、時間があるときには自分で興味のあることを研究してみたいと初めて思った!!　　　　（2年生 男子）

基礎知識を身につけてから応用していくのではなく、まず興味が先にあって、それを基礎知識に結びつけていくことが大切だという方向転換ができた。　　　　（3年生 男子）

先端生命科学に触れることで、ますます生命科学にかかわりたくなると同時に、慶應SFCにますます行きたくなった。受験に向けてがんばろう！　　　　　（3年生 女子）

一生にかかわるぐらいの大切な経験と友達を得ることができました。ぜひこのプログラムは続けていってほしいし、他の分野でも増やしていってほしいです。　　（3年生 女子）

同じような志を持ちながら、違う意見を持った仲間ができ、刺激的だった。みんなと話したり行動することができてよかった。ありがとうございました。　　　　（3年生 男子）

見つけた！ FORWARD TO THE FUTURE

冨田教授自らの熱心な指導のもと、サイエンスのおもしろさと学ぶ楽しさをたっぷり堪能したSSP。この体験を糧に、受講生のうち多くの現役高校3年生が秋のAO入試に挑戦、第一志望の大学に合格を果たした。生命科学という未知の学問にふれた一夏の経験が、彼らの知的欲求を刺激し、潜在能力を全開させたのである。

SSPの同窓会、正式発足！

リーダーシップを発揮してほしい

短い期間ではあったが、SSPで知り合い、貴重な体験を共有したメンバーの間には、固い連帯感が生まれた。個人的にメールアドレスを交換するだけでなく、メーリングリストや同窓会もつくることに。今後も引き続き、仲間同士で、また冨田教授やTAとも、情報交換をしていくことになるだろう。

彼らの多くは、これからさまざまな場面で活躍していくに違いない。学校で、塾で、大学で、目的をもって勉強することの大切さ、それによって得るものの素晴らしさを周囲に伝えていけるからだ。

冨田教授は、「皆さんにはこれからぜひリーダーシップを発揮してもらいたい。この楽しさを世の中に伝えて、サイエンスファンやバイオファンをつくるための応援団になってほしい」と期待を表明した。

AO入試で志望大学に合格したある1人は、「次世代とは私たちの時代。仲間の皆の力を借りて、そして力を貸して、夢を実現していきたい」と抱負を語った。

彼らの時代は、もうすぐそこまで来ている。

BOTICS

スーパーロボティクスプログラム

世界のロボット工学の将来は、この人材が担う

スーパープログラムの第2弾は、最先端のメカトロニクスを通して創造力を身につけるスーパーロボティクスプログラム（以下、SRP）。東京工業大学広瀬研究室の協力を得て、12名の現役高校生がロボットの製作に挑戦した。自ら設計図を書き機構を工夫して技術を競い合った末、最優秀チームの3名は、高校生として初めて国際学会への参加資格獲得という快挙を達成。モノづくりのおもしろさを基礎からじっくり学んだ体験は、エンジニアへの夢を大きく膨らませた。

米国メリーランド州モンゴメリー郡のトレーニング・アカデミーで東工大の学生とともにロボットの演習を行う受講生

PROGRAM MISSION:SRP

工学的センスを磨き、世界を牽引する創造力を培う

社会に役立つ技術を身につけた
トップエンジニアになる

東京工業大学大学院理工学研究科教授
広瀬 茂男
Shigeo HIROSE

1947年生まれ。1971年横浜国立大学工学部機械工学科卒業。東京工業大学大学院理工学研究科制御工学博士課程修了。ヘビ型ロボットなど独創的なレスキューロボットの開発で知られる世界的第一人者で、21世紀COEプログラムにも研究が採択されている。大学卒業時より現在まで、多数の学術賞受賞歴に輝く。2006年紫綬褒章受章。

戦地や災害地における地雷撤去・人命救助で活躍するレスキューロボットの世界的権威である広瀬茂男教授の直接指導のもと、ロボット製作に挑むSRP。東京工業大学大岡山キャンパスの「創造工房」で、基礎理論から製作までの実習が繰り広げられた。コンテストの最優秀チームには、広瀬教授に同行し、米国ワシントンでの国際会議に出席するという名誉も。受講者それぞれにとって「忘れられない夏」となった。

スーパーロボティクスプログラム開催DATA

実施期間／2006年4月23日〜7月26日、主に土曜日に開催
対象学年／高校2・3年生
参加人数／早稲田塾内外から12名
実施会場／東京工業大学大岡山キャンパス
受講料／無料
※ワシントン滞在は8月20日〜24日

Lecture: 0
- 特別講演
  「地雷探知除去ロボットの開発」

早稲田塾秋葉原校にて

Lecture: 1
- 開会式
- 英語でのレクチャー①
  「研究概要」
- 懇親会

東京工業大学大岡山キャンパスにて

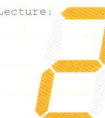

Lecture: 2
- 日本機械学会講演会
  「ROBOMEC」のポスターセッション参加

早稲田大学理工学部大久保キャンパスにて

● **ポスターセッションで伝える力を磨く。**

決められた大きさのパネルに研究概要や成果をまとめて紹介するポスターセッション。プロの研究者の発表を聞き、興味を持ったものについて自分でまとめ直して発表することで、自分の考えを人に伝えるプレゼンの力を身につける。

Lecture: 3
- ポスターセッション
  取材発表＆ディスカッション
- 英語でのレクチャー②
  「地雷探査装置」

東京工業大学大岡山キャンパスにて

Lecture: 4
- 広瀬教授講義
  「歩行ロボットの開発」
- グループ実習
  「制御について」
- 競技会概要説明

東京工業大学大岡山キャンパスにて

● **モノづくりの基本を学ぶ。**

本当にその形につくれるか、どういう機械でどんな加工法でつくるか、材料の値段はどうか。単純な部品をつくって、まずはモノづくりの基礎を知る。工具や機械の扱い、服装、後片づけなども重要なポイント。

Lecture: 5
- 競技会チーム編成
- 安全講習と製作①
- 競技会課題発表

東京工業大学大岡山キャンパスにて

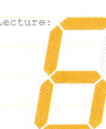

Lecture: 6
- 製作②
- 広瀬教授講義「人を助けるロボットの開発」
- 製作③
- 東工大百年記念館体感ツアー
- 製作④
- 競技会（ロボットコンテスト）
- 表彰、閉会式

東京工業大学大岡山キャンパスにて（3日間）

● **ロボコンでレスキューをシミュレーション。**

スラローム走行の競技とピンポン玉を回収する競技によって、災害地での人命救助や危険物撤去、障害物回避などのポイントをシミュレーションする。ミニサイズでも、基本は同じ。ロボットによる社会貢献を実感した瞬間だ。

モノづくりの基本を全身で体感

PROGRAM DOCUMENT:SRP

世界の被災地や惑星探査などで活躍するロボット開発の第一人者・広瀬教授に最先端のメカトロニクスの手ほどきを受けるSRPには、工学やロボットに興味を持つ12名の現役高校生が参加した。モーターの駆動や位置制御などの基礎理論とともに、工具の扱い方、図面の見方などを短期間で学んだ彼らは、自分たちで部品を買い集めるところからスタートし、わずか3日間で見事ロボットをつくり上げる。実際に手を動かして、モノづくりの基本を体得し、その醍醐味にすっかり魅せられた受講生たち。その輝くような表情に、〈モノづくり大国ニッポン〉の再生を見た──。

　現在の高校生は、ちょうどソニーのAIBOとホンダのASIMOでロボットブームがピークに達した2001年前後、小学校高学年だった世代である。尻尾をふったり、二足歩行したり、感情表現さえする愛らしいロボットに、子どもたちは夢中になった。

　ロボットに対し、少なからずそうした愛玩的なイメージを抱いているであろう高校生たちを前に、SRPの審査会場での特別講義で、広瀬教授は次のように語った。

　「AIBOもASIMOも人間のいい友達ですが、僕のやっている研究はちょっと違います。僕が開発しているのは、もう少し別な役割で人助けをするロボットです」

ロボットは人間の最良のパートナー

　「小さいころからモノづくりが大好きで、そのまま大人になってしまった」という広瀬教授は、横浜国立大学で機械工学を学び、卒業時に人格・学業とも優秀な学生に贈られる日本機械学会畠山賞を受賞する。その後、東京工業大学で制御工学を修め、学位論文「索状能動体に関する生物力学的研究」で博士号を取得。これは、のちに広瀬教授の代表作となる「ヘビ型ロボット」の原形で、狭い隙間や細い管の中を自在に移動し、危険な作業や手術を行うようなロボットだ。以来一貫して、土木、医療、災害救援、惑星探査などの分野で「人のできないことを代行して役に立つ」ロボットを研究・開発し、世界的な評価を得てきた。2006年、その功績により紫綬褒章を受章している。

　広瀬研究室の研究課題は現在30を超えるが、その代表が、災害時の人命救助ロボットと人道的地雷撤去ロボットの創造設計だ。

　「地雷は、足を吹き飛ばすなど殺さぬ程度に兵士を傷つけて、助けに来た仲間と戦場から離脱させるのが目的です。そしてそれが紛争後にも一般の人たちを傷つけるという、実に非人道的な武器です。これを戦場から取り除くのは危険でハイリスクな作業ですが、我々はずっと取り組んでいます」

　安い材料で簡単につくれる地雷を大金かけて地中から掘り出していること、戦争ではロボット技術が殺人と救援の両方に使われていることなど、人間の矛盾について複雑な面持ちで聞き入る高校生たち。「ロボットは、使い方次第で人間の最良のパートナーになれる存在です。今日、ロボットに興味をもって集まってきた皆さんの中から、審査に受かってこのプログラムを受講し、人道支援のロボットを将来一緒に研究してくれる人が出ることを願っています」という教授の言葉に、何度もうなずいていた。

　そしてこの日の審査では、英語による小論文・三次元構想力等を問う設問・面接の三つが行われた。

工学の新しいベクトルを探る

　見事審査を通過したのは、12名の現役高校生。これから6回の講座を通じ、広瀬研究室の主要テーマであるレスキューロボットについての理解を深め、学生や院生とともに実際にロボットを製作するのだ。

　広瀬教授には、モノ余りの現代における日本の工学をなんとか活性化したいという強い願いがある。そのためには、高等教育だけでなく中等教育からモノづくりを教え、工学を好きな生徒をたくさんつくらなければいけない。工学的センスは大学に入ってから教えてもなかなか身につかないため、もっと裾野を広げ、高校時代からそのおもしろさに触れさせるべきだという。

　「かつて、日本におけるモノづくりは生きるための手段でしたが、大量生産・大量消費の時代になって、もうモノをたくさんつくる必要はなくなりました。その時、工学の生きる道はどこにあるのか。生産に直結しない部分での、いわば〈知的スポーツ〉としての純粋な創造の喜びや、災害や人道支援への貢献など、これからのモノづくりには新たなベクトルが必要です。若い頭脳や感性と一緒に、それを模索してみたい」と広瀬教授。その願いを込めて「創造工房」と名づけられた東工大の一室で、現役高校生たちがモノづくりの基礎に挑む。

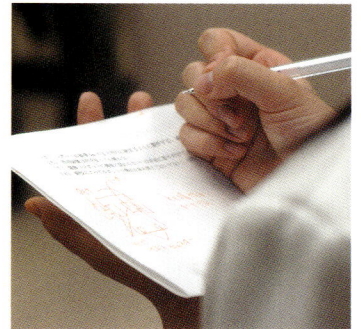

左上から右へ順に：広瀬研究室自慢の4本足ロボット「Roller-Walker」について説明する広瀬教授／ロボットの構造について図解で理解する／ロボットの基本となる部品を電気ゴテで接続してつくる／TAのジョークに思わず笑いが……／広瀬教授の原点ともいうべきヘビ型ロボットの構造について質問する／用途に応じて太さなどを使い分けるドリルのビット／モーターの部品をチェックする／ポスターセッションについて発表する受講生／広瀬教授も自らホワイトボードを使って説明／ワシントンでのレスキューロボットの国際学会で講演する広瀬教授／教授に続いて英語でスピーチする受講生／瓦礫の中をロボットで踏破するデモンストレーション

頭を使い、手を動かすうちに
だんだんとエンジニアの顔になる

PROGRAM DOCUMENT:SRP

上：安全講習で学んだことを守りながら、一つ一つ慎重にロボット製作の作業を進めていく
左：モーターの駆動や回路、制御の仕組みについて、自ら手を動かしながら説明する広瀬教授

ロボットの範囲の広さを実感する

　最初の講座は、広瀬研究室の研究紹介から始まった。ところが、登場したのはイタリア人学生。のっけから英語の自己紹介で、固まる一同……。しかし、動画や写真、身振り手振りも交えての説明に次第に引き込まれていく。世界各地で人道支援に活躍する広瀬研究室のロボットに感銘を受けたようだ。

　次の講座は、早稲田大学理工学部において開催された、日本機械学会主催の講演会「ROBOMEC 2006 in WASEDA」を見学し、全国の研究者によるポスターセッションから好きなテーマを選んで取材、自分もポスターの形にまとめて発表する、というもの。難解な専門用語に悪戦苦闘しながらも、全員、宅配ロボット、義手ロボット、介護支援ロボット、河川調査ロボットなど、好きなテーマを選び終えた。ロボットといっても人間や動物の形をしているものばかりでなく、マニピュレータ（人間の腕の機能を代行する機械）やアクチュエータ（エネルギーを機械的な運動に変換する装置）など非常に広範にわたることを知り、ロボットに対するイメージがかなり広がった印象だ。

　各自の発表は、学会と同様、持ち時間が迫るとベルが鳴る仕組みで行われた。5分以内でロボットの概要、その技術の社会的ニーズ、今後の応用方法や課題などを手際よく語らなければならない。しかも、当日はテレビ東京「知恵の和」の番組取材が入っていたこともあって、皆やや緊張気味だ。広瀬教授は「最先端で行われていることを君たちの目でどう見たか、存分にアピールして下さい」と激励。12人それぞれが、取材や追加リサーチで調べた内容を発表した。早口になりがちではあったが、質疑応答で突っ込んだやりとりをしたり、思わぬ質問に考え込んだりするプロセスの中で、人に自分の意見を伝えるプレゼンの難しさとおもしろさ、議論によって考えを磨いていくことの重要さを実感できたようだ。

いよいよロボットづくりに初挑戦

　地雷探知装置についての英語レクチャーや、広瀬教授の講義「歩行ロボットの開発」などでさらに理解を深めたところで、いよいよロボット製作に入る。3人×4組のグループに分かれて1台ずつ移動車両をつくり、最終日に競技会で競い合うのである。

　最初の実習では、「回線をつないでモータを動かし、制御する」ことを学ぶ。工具の使い方、図面の見方、回路のつくり方、遠隔操作の仕方など、ロボットを動かすための大切な基本ばかりだ。タイヤをどう制御すれば、前進・後退や方向転換をしたり、スピードを制御したりできるのか。無線で操作するための基礎をしっかりと覚える。

　工作機械を触るにあたって、広瀬教授は言った。「機械を触ることは危ない面もあり、また少々古めかしく感じるかもしれません。でも、モノづくりの一番の基礎なんです。どんな機械でどういう加工をすれば思った形にできるのか、そんな基本中の基本を勉強してもらいたいと思います」。

From TA [Teaching Assistant／ティーチング・アシスタント]

東京工業大学
大学院
工学博士
青木岳史さん

好奇心と集中力があれば英語だって恐くない！

英語レクチャーのとき、最初は皆目が点だったので心配しましたが（笑）、レポートは全員すばらしい出来。内容をほぼ正確に把握していて、正直驚きました。興味のあることを聞き取ろうとする集中力が、ヒアリング力を高めているようです。その意欲で、何事にも臆さず挑戦してほしいですね。

100円ショップや秋葉原の電気街で手に入る材料でロボットをつくる。小さくても、手づくりでも、モノが動く原理やモノづくりに対する心構えは同じ。普遍的な〈基本〉を身につけていく。

PROGRAM DOCUMENT:SRP

試行錯誤した経験は将来必ず役に立つ

　長い髪は帽子に収める、シャツの裾はズボンに入れる、サンダルやヒールは安定した靴に履き替えるなど、機械に巻き込まれたり滑ったりしないための安全講習で服装を整えるうち、皆の顔つきがだんだんとエンジニアらしく引き締まってきた。続いて、オビノコ、サンダー、ヴェンダー、切断機など、さまざまな工作機を実際に使ってみる。図面で確認しつつ、線を引く、曲げる、切る、ドリルで穴を開ける。作業後の清掃や機械の手入れも大切な基本の一つだ。

　講習をすませ、製作は大詰めを迎えた。残り実質2日半でロボットを完成させなければならない。各チームは、予算3000円で必要な材料を買いに電気街へ。思い思いの資材を集めると、それぞれのロボットづくりに取りかかった。前回安全講習や機械の扱い実習で注意されたポイントを守りながら、チーム毎に工夫をこらした機構をつくっていく。苦労して図面を起こしたのに、

実際の材料でつくり始めると、強度や寸法に問題が生じたりする。構想や設計とのギャップに悩みつつ、調整・解決を試みる。「非常に単純な機構から凝ったものまで多彩で、どんな結果が出るかとても楽しみ」と、広瀬教授も嬉しそうだ。

手で覚えた体験は体に染み込む

ついに最終日。午後からの競技会開催が近づく中、どのチームもまだ悪戦苦闘中である。昼休み返上で作業に没頭する皆のためにスタッフが弁当を買いに走る。開始時刻を延長し、ギリギリまで調整が行われる。午後2時半、応援に駆けつけた受講生の保護者やNHKテレビのニュース取材班らが見守る中、ようやく最終調整が完了した。

競技は2種類。直線上の5個の障害物の間をスラローム走行してスピードを競う「スピードスター」と、制限時間内にフィールドで宝探し（ピンポン玉集め）を行う「トレジャーハント」だ。いずれも、災害現場で障害物を避けながら被災者を捜し救助するというレスキューロボットの基本を実体験するための競技である。危険地域での作業は遠隔操作で行うため、今回も、操縦は実際の車両を見ずにモニタの確認で行う。

開会にあたり、四つのチーム名が紹介された。〈東京戦隊タチコマンズ〉〈玄人〉〈愉快な仲間たち〉〈トトロ〉。それぞれに工夫をこらした駆動法やピンポン玉の取り込み機構を携えて、競技に臨む。

まずは「スピードスター」だ。最初の対戦は〈トトロ〉対〈玄人〉。〈玄人〉はスピードはあるがコントロールできず、すぐコースから外れてしまう。速すぎて、モニタの確認では状況把握が難しい。結局、亀のごとくじわじわと、しかし確実に障害物をクリアした〈トトロ〉の勝ち。第2戦は、スピードもコントロールも互角だったが、障害物を回るときのわずかな差で〈愉快な仲間たち〉の勝ち。次の対戦でも安定した走行で〈トトロ〉を下し、1位を獲得した。

ところが「トレジャーハント」では、〈仲間たち〉は取り込み機構がうまく作動せず、苦戦。逆に遅い速度の〈トトロ〉が着実にピンポン玉を取り込んでいく。〈玄人〉は不運にも機構にトラブル発生、〈東京戦隊〉もせっかく取り込んだ玉が飛び出してしまい、ついに、ゆっくりだが安定してレースを進めた〈トトロ〉が優勝を勝ち取った。

閉会式では、勝者と敗者の両方に対し、広瀬教授が「道具や手を使って試行錯誤した経験は、体に染み込んで、新しい問題が出てきたとき必ず役に立ちます。この体験が将来エンジニアリングの方向に進んだ皆の糧になってくれると信じています」と激励。〈トトロ〉チームには副賞として米国ワシントン行きのチケットが手渡された。全員の顔が、達成感と満足感で輝いていた。

被災地に見立てライトを落とし、障害物を築いたフィールドを、ピンポン玉（被災者）を捜してロボットは進む

PROGRAM DOCUMENT:SRP
in Washington, D.C.

大きな感動とともに
エンジニアへの夢を心に刻む

胸を躍らせワシントンD.C.に到着

2006年8月20日、現地時間午前11時。ロボット競技会で優勝した〈トトロ〉チームの3人は、ワシントン・ダレス国際空港に降り立った。雲一つない晴天、気温は華氏108度（摂氏42度）。寝不足の目に、抜けるような青空がまぶしい。なにしろ3人は、機内で英語の試験を受けてきたのだ（この時期は早稲田塾のクラス編成期にあたるため）。乱気流で開始時間が遅れたり、消灯時間と重なってシート・ランプのもと答案用紙と格闘するなど思わぬアクシデントもあったが、それでもこのワシントン行きは彼らの胸を躍らせていた。

アーリントン国立墓地、国会議事堂、ホワイトハウス、リンカーン記念堂を見学後、メリーランド州ゲイザースバーグへ。ホテルに着くと、今度は数学の試験。それを終えて夕食に集まったころには、さすがに3人とも疲労困憊だ。しかし、明日からが本番。国際学会に出席する広瀬教授と東工大の学生に同行し、最先端の研究成果を見聞するとともに、ロボットの演習に参加することが今回の渡米の目的である。「SRPでお世話になった方々への恩返し」との気持ちを胸に、この日は就寝した。

ロボットの性能を評価する演習に参加

翌朝、IRS（NPO法人国際レスキューシステム）のユニフォームに身を包んだ3人は、まず演習の会場となるトレーニング・アカデミーに向かう。IRSのメンバーとして登録、IDカードを受け取って、学会の行われるNIST（米国立標準技術研究所）へ。ここは、政府の標準暗号も制定する最先端技術の開発基地。二つの学会の合同セッションを開催中で、広瀬教授は明日講演を行う。彼らもその際、英語でスピーチを行うことになっている。会議場を覗き、「ここで明日、しゃべるんだ……」。だが、頭を真っ白にしている場合ではない。その前に、トレーニング・アカデミーでの演習だ。

会場に着くと、そこには疑似ハザードや砕石の山、事故車両などが訓練用に設えてある。今回の「感応型ロボット評価演習」は、都市災害でのロボットのパフォーマンスを評価するもの。順位はつけないが、課題のクリアによって採点され、それが研究及びロボットに対する評価となる。3人は、IRSで活躍する「IRS蒼龍」を操縦することに。東工大の学生たちのレクチャーを受けるが、彼らは明日、広瀬教授の講演後に発表を控えており、相当張りつめた状態だ。自分たちだけでがんばらなければ……予想以上のプレッシャーを感じながらも、本番までの4時間、とにかく練習するしかない。

蒼龍の頭と尻に搭載したカメラの映像をモニタで見ながら操縦する。8の字に回る、段差を乗り越える、起き上がる、捻転する、などを練習。操縦、ケーブルのケア、モニタ

1. 消防アカデミーのトレーニング施設での評価演習に参加／2. 国際学会出席のため、NIST（米国標準技術研究所）を訪れた受講生たち／3. プロポと呼ばれる操縦機で東工大自慢の「蒼龍」を操縦する／4. 国会議事堂の前で記念撮影／5. 演習参加者の基地となったテント型のブース／6. 世界の研究者の前で堂々とスピーチする／7. スミソニアン国立航空宇宙博物館に展示されたアポロ司令船の前で／8. NISTの外観／9. 出発の日、塾ではクラス編成テストが行われており、なんと機内で受験することに／10. NISTでは米国内の技術標準も定めている

リングと3人で役割分担することにした。

本番直前、現地のフジテレビが取材に訪れた。広瀬教授は「3人には、日本代表としてモノづくりの楽しさを理解し、それをモチベーションに将来いいロボットをつくってほしいですね」と期待を語った。

いよいよ本番だ。30度に傾けた10m四方の板を、定められたルートで走行する。バランスをとるのが難しく苦戦していると、そばで見ていた審査員が近づき、"Are they engineer?""No, high school students in Japan.""Oh！"――結局、二度トライし、いい線までいったが途中で転倒して終了した。「あ～あ、終わっちゃった」と残念がる3人。審査員からはコースをマークしていた点を評価され、操作に慣れればバランスもとれるとアドバイスを受けた。

世界の研究者を前に堂々のスピーチ

炎天下での演習参加の余韻も冷めやらぬ3日目の朝、3人は前夜懸命に書き上げた英語のスピーチ原稿を携え、NISTの会議場にやってきた。演壇に立って、落ち着かない様子で予行演習に励む。

やがて広瀬教授と学生たちが到着。3人は最前列に陣取る。広瀬教授の講演を聴こうと、多くの研究者が次々に着席した。

8時半すぎから始まった講演の演題は、「Development of Rescue and De-mining Robots（救助ロボットと地雷除去ロボットの開発）」。「もっとも有効なレスキューツールは、日常生活においても広く役立つ」という信念のもとに開発したヘビ型ロボットや地雷探知ロボットの活動を、実地の成果を交えて説明した。最後に、「日本における私の教育的取り組みも紹介したい」と、早稲田塾とのコラボレーションを紹介。SRPの競技会の模様を伝えたNHKニュースの映像に続き、昨日トレーニング・アカデミーで収録、日本で放映されたばかりの演習の模様が「特攻野郎Aチーム」のテーマ曲とともに映し出されると、会場から大きなどよめきが起こった。教授はそこで、ロボットコンテストを勝ち抜き、この学会にも参加したすばらしい高校生たちを紹介します、と彼らを招くのだった。

拍手の中、演壇へ進む3人。「この学会に参加できて大変嬉しい。この経験は、エンドユーザーのための家庭電気器具の開発をするという僕の将来の夢の実現に役立つでしょう」「演習でのロボットの操縦は僕にとっては難しく大変な作業でしたが、とても貴重なものでした」「将来は広瀬先生のようなロボティクスの科学者になりたいです」など、3人それぞれ立派にスピーチをやってのけた。場内は、スタンディング・オベーション。一緒に記念撮影をしようと、研究者たちが集まってきた。代わる代わるシャッターを押していると、東工大の学生の一人が近づいてきて、「君たち、発音よすぎだよ」。3人の笑顔がはじけた。

この晴れやかな日の感動と興奮を、彼らは一生忘れないだろう。それは、より確かになったエンジニアへの夢とともに、心にしっかりと刻まれたに違いない。

1. 世界的に著名な広瀬教授の講演に、多くの研究者が耳を傾けた／2. 傾斜した板の上を定められたルートで運転する課題に挑戦／3. 各国から自慢のロボットが集結した／4. 無事にスピーチを終え、拍手に包まれて降壇する／5. 一人は操縦、一人はケーブルをケア、一人はモニタリングでナビゲートと役割分担して操作する

OUTCOME
驚きや感激が学問のスタート

「ロボットってすごい」という夢や憧れはあるものの、実際の構造や応用分野などを知らずに集まってきた受講生たちにとって、プログラムの冒頭で最新鋭のロボット研究を目の当たりにしたことは、かなり大きなインパクトだった。見たことも聞いたこともない先端の技術や理論に刺激を受け、若い知性や感性、好奇心が一気に活性化する。「こんなに種類があるんだ」「こんなことにも使えるんだ」

「どうやったらああなるんだろう」という驚きや感激、疑問。これこそが学問のスタートである。その起点に立った12名の現役高校生たちは、興味をもったこと、知りたいことのために自ら〈求める〉ようになったのだ。〈与えられる〉勉強では得られないこの積極的な姿勢こそ、学びの原点。ここから夢や憧れを照らしてみたとき、それを形にするための大きな目的や指標が見えてくるのである。

夢があるから
ここで手にした喜びを
明日の技術革新の原動力に

広瀬先生から「贈る言葉」

MESSAGE
皆と積み上げた努力をいつまでも大切に

エンジニアリングにはモノづくりのセンスが必要ですが、ロボットの研究開発には、加えて大学で学ぶ知識も必要になります。その意味で「高校生が最先端のロボット工学を体験する」というこのプログラムは、早くからセンスを磨き、先端知識も身につけられる、最高の機会となるものです。僕が高校生のころにこれがあったならぁと、羨ましくも思います。

参加した皆さんは、きっとエンジニアリングの方向に進んでくれるものと期待しています。モノづくりを体験して知ったおもしろさをもとに、将来こんなことをしたい、何をつくってみたいという目的をもって大学に入学してもらいたいですね。そのときに、このプログラムで頭を使い、手を使い、道具を使って覚えたことは必ず糧になるでしょう。また、皆とチームワークで物事を進めた経験は、一生役に立つはずです。

最後の競技会では勝敗を決めましたが、差は本当に小さい。優勝した人はおごらずに、できなかった人もくさらずに、ここで積み上げた努力を忘れず大切にして下さい。

物余り時代になって工学の役割は徐々に変わってきましたが、創造の楽しさと重要性は変わりません。人に役立つ技術で日本が貢献していくためにも、皆さんが高い工学的センスを身につけたエンジニアになってくれるよう願っています。

ロボット製作や米国での経験が自信になり、志望大学へのAO入試に挑戦することができた。このプログラムが未来への扉を開いてくれたと思う。　　　　　　　　　（3年生 男子）

ものづくりがとにかく大好きで、実習後はもっと好きになりました。広瀬先生やTAの方々のご指導のおかげで、将来の夢に一歩近づくことができました。（3年生 男子）

ロボットといっても、いろんな種類や使い方があることがわかった。平和のために活かされていると知って感動した。（3年生 女子）

頭で考えるだけじゃなくって、手も使って覚えることが、ずっと忘れないために必要ということが実感できました。他の勉強にも応用してみたいと思います。（2年生 男子）

ロボットづくりの時間が足りなくて、本当にでき上がるか心配だったけど、あきらめずにできてよかった。動いたときにはすごい嬉しかった。楽しかったです。（3年生 女子）

充実度200％！
Impressions

何もかも初めてのことだらけだったけど、本気でぶつかれば何でもできるという自信が持てた。将来やりたいことも見えてきたので、この先もがんばりたい。（2年生 男子）

ものづくりを通して、ものづくり以外のいろんなことも学べました。いい友達ができたのもよかったです。（3年生 女子）

実際にロボット製作を体験できて、すごくおもしろかった。絶対、工学部に進学して究めていきたい。この機会をつくっていただき、ありがとうございました。（3年生 男子）

いろいろ設計したり計算しても、実際にやってみるとうまくいかなくて焦ったりしたけど、そういうときどう対処すればいいかという力がついたように思う。（2年生 男子）

難しいこともたくさんあったけど、みんなでつくればアイデアが出て解決できることがわかった。大学でも研究室のチームに入っていろいろがんばってみたい。（3年生 女子）

がんば FORWARD TO THE FUTURE れる

「モノづくり大好き人間」を自認し、少年のように目を輝かせて作業や操作に没頭する広瀬教授に師事したSRPの日々は、エンジニアを夢見る受講生たちにとって贅沢かつ刺激的な時間となったに違いない。手や道具を使ってものをつくり出す喜びは、人間の根源的な創造の欲求を呼び覚まし、明日の技術革新の原動力となる。

やる気の度合いがぐんとアップ！

本当に好きなことを見つけたら、人間、何だってがんばれる――それを証明するような一幕があった。優勝チームとしてワシントンに赴き、評価演習で責任重大なロボットの操縦を見事行った受講生は、3人のうち、群を抜いて操縦がうまかった。だが実は彼、英語のレクチャーでは、どちらかというとおとなしかったのだ。得手不得手はあって当然。しかし、操縦を任された後には、英語でのスピーチも抜群の発音でこなしてみせた。やる気の度合いがぐんと上がったのは明らかだった。

理工系の学部でがんばるぞ！

プログラム受講の前と後で、彼のような〈変化〉を遂げた受講生は少なくない。

渡米組3人は、帰国後AO入試でそれぞれ理工系の学部に挑戦、見事現役合格した。他の受講生も、「ロボットは人のできないことを代わりに行って貢献する」という広瀬教授の薫陶を受け、人と社会に役立つモノづくりをめざすだろう。紛争や自然災害の絶えない現代にあって、工学が人道支援に果たす役割は小さくはない。

スーパーITプログラム

未来型ネットワークを実現する、新たな試みの数々

日本のインターネット研究を牽引し続けてきた慶應義塾大学湘南藤沢キャンパス（以下SFC）のバックアップのもと、15名の現役高校生がコンピュータのスペシャリストをめざす。コンピュータの組み立てから始まり、セグウェイを利用しての移動体通信実験、移動しながらネットワークに接続できる「アドホックネットワーク」の実習などを通して、IT分野の研究者に必要な問題発見能力や問題解決のための基礎的能力を養っていく。世界をつなぐインターネットの輪に10代の若い知性・感性が加わったとき、今までにない未来型のネットワークが生まれる。

SUPER IT

世界の拠点と結ばれたDMC Global Studio（慶應義塾大学三田キャンパス内）で、カナダにいる村井教授からのメッセージを聞く

PROGRAM

PROGRAM MISSION:SIP

「日本のインターネットの父」が人材育成に着手
人類の未来に貢献する
インターネットをつくる

慶應義塾大学環境情報学部教授
村井 純
Jun MURAI

1955年生まれ。79年慶應義塾大学理工学部数理工学科卒業、84年慶應義塾大学大学院工学研究科博士課程修了。慶應義塾大学環境情報学部助教授などを経て、97年から現職。学校法人慶應義塾常任理事を兼任。日本におけるインターネット普及の立役者であり、インターネットの世界的権威。2007年4月、「Yahoo! JAPAN研究所」の最高技術顧問に就任。

インターネット黎明期から、日本語対応をはじめとするインフラを築き続けてきた功績により「日本のインターネットの父」と称される村井純教授を特別講師に迎えたSIP。「君たちに未来を託す！」との村井教授の期待に応えようと、15名の高校生が新たなインターネット活用法を模索する。

スーパーITプログラム開催DATA
実施期間／2006年7月2日〜8月20日、
　　　　　日曜日を中心に月4回程度開催
対象学年／高校2・3年生
参加人数／早稲田塾内外から15名
実施会場／早稲田塾秋葉原校、
　　　　　慶應義塾大学三田キャンパス、
　　　　　慶應義塾大学湘南藤沢キャンパス（SFC）
受 講 料／無　料

Lecture: 0
- 特別公開授業
  「2010年、俺たちのインターネット」

　　　　　　　　　　　　　　　　早稲田塾秋葉原校にて

Lecture: 1
- 開会式
- 講義①
  「インターネット概論 for SIP」
- 懇親会

　　　　　　　　　　　　　　慶應義塾大学三田キャンパスにて

何回分もの講義を1回に集約!?

ネットワークを学ぶためには、会得すべき知識が山ほどある。本来約15回に分けて勉強する内容をわずか1回の講義で身につけるという課題を前に、高校生たちは懸命にノートをとる。

Lecture: 2
- 講義②
  「ネットワーク　アーキテクチャ」
- 講義③
  「インターネットの未来」

　　　　　　　　　　　　　　　　早稲田塾秋葉原校にて

Lecture: 3
- 講義④
  「コンピュータの世界、コンピュータの歴史」
- 実習A
  「コンピュータセットアップ」

　　　　　　　　　　　　　　　　早稲田塾秋葉原校にて

自分でPCを製作し、知識を実感に変える。

基礎知識を実感としてとらえることが、もっとも効率的な知識吸収の方法。頭だけではなく、自らの手を用いてコンピュータを製作し、仕組みや各部位の役割を理解する。

Lecture: 4
- 実習B
  「シリアル通信」
- 実習C
  「イーサネット通信」
- 実習D
  「ルーティング」

　　　　　　　　　　　　　　　　早稲田塾秋葉原校にて

インターネットのネットワークも同じ原理。

ネットワークの構造はどれも大きな違いはない。シリアル通信、イーサネット通信のケーブル組み立て作業を行う受講生たちは、「ネットワークのイメージがわいた」と納得の表情。

Lecture: 5
【キャンプ（2泊3日）】
- 実習E「アドホックネットワークの製作」
- 実習F「セグウェイ試乗」
- コンピュータルーム見学
- グループワーク1「衛星アンテナの操作」
- グループワーク2「アンテナの見学」
- 懇親会

　　　　　　　　慶應義塾大学湘南藤沢キャンパス（SFC）にて

ディスカッションがアイデアを育む。

SFCへと教室を移し、グループワークによる通信実験にチャレンジ。実験結果をめぐってディスカッションを重ねることは、アイデアを成熟させるための有効な手段となる。

Lecture: 6
- プレゼンテーション大会
- 懇親会

　　　　　　　　　　　　　　慶應義塾大学三田キャンパスにて

プレゼン能力は場数を踏んで養成

いくら良いアイデアを持っていても、相手に伝わらなければ意味がない。高校生のうちに数多くプレゼンを体験すれば、論理能力が身につき、社会に出てからも広く役立つ。

自らの可能性を追求した日々

PROGRAM DOCUMENT:SIP

インターネットの急速な普及に伴い、IT技術は日々進化を遂げている。しかしその反面、技術力を支える人材育成の遅れは、この分野が常に抱えている問題でもある。今回のSIPは、「未来のネットワークを創造する人材の発掘」をテーマに開催された。コンピュータの基礎講義から通信技術の実習、プレゼンテーションまで、コンピュータのスペシャリストを育成するためのプログラムの数々。受講生たちは好奇心の赴くまま次々と知識を吸収し、自らの発想力を育んでいく。未来のインターネットを背負うための、大きなチャレンジが今、始まった！

現役高校生たちの挑戦が始まる

「君たちに未来を託したい！」
SIPの開講とともに村井教授は宣言した。この言葉からは、村井教授の固い決意と、若い世代が持つ無限の可能性への期待をうかがい知ることができる。今や社会基盤として不可欠になったインターネットだが、黎明期より技術開発に取り組んできた村井教授は、さらに一歩先の未来を見通している。地上波テレビの停波が完了する2011年、メディアがデジタルに統一されれば、今以上にインターネットの役割が大きくなり、いっそうの技術革新が必要となる。2011年は現在の高校生が大学を卒業する時期。その頃にこそ新しい感性を身につけた研究者が必要になると考え、今回のプログラムへの参画を決意したのだ。人類を助け、社会に貢献する、より進化したインターネットを構築できるか否かは、次代に活躍する人材をいかに輩出できるかにかかっている。今こそ次世代をにらんだ人材育成に着手すべきなのではないか——。まさにSIPは、高校生たちの挑戦であると共に、村井教授にとっての挑戦でもある。
「今までインターネット環境の創造は、俺たちがやってきた。しかし、やがて来るグローバルな未来社会は、まさに君たちの世代のもの。我々からバトンタッチしたい」
自分たちの社会は、自分たちの力で築かねばならない。未来のネットワークの担い手は、15名の現役高校生にゆだねられた。

SFCが牽引してきた日本のインターネット

高校生に未来を託すという村井教授の発言は、決して大げさなものではない。慶應義塾大学SFCは、日本で最初にインターネットのインフラ構築に着手した世界屈指の研究機関なのだ。なかでも村井教授が代表を務めるWIDEプロジェクトは、日本初のインターネットエクスチェンジを開設したほか、UNIXやC言語の国際化の動きと連携を取りつつ、英語中心だった初期のインターネットを多言語対応に導くなど、数えきれない功績を残している。1995年の流行語大賞に「インターネット」でノミネートされ、受賞したことも村井教授の名を日本中に知らしめた。そんなSFCおよび村井教授がバックアップするからこそ、高校生にネットワークの未来を託すという壮大な挑戦が現実味を帯びるのである。

今回、厳正な審査を経て選抜された15名の受講生は、基礎講義と最先端の実習を経て、最終日には「未来社会に役立つインターネット」という課題に対して自らのアイデアを具現化する方法をプレゼンテーションしなければならない。そのためには、ネットワークの知識、インターネット研究の現状など、知識を山ほど吸収する必要がある。目の前にある高い壁の向こうには何が待っているのか。大きな期待と好奇心が、彼らを未知の体験へといざなっていく。

村井流トレーニングで発想力を磨く

SIPの特長としてまず挙げられるのは、基礎講義と実習を何度も繰り返すこと。実験などで自らの手を動かすことで、知識を理論としてだけでなく実感として身につけ、具体的なイメージを触発させる。今回のプログラムのように短期集中型の講義であればあるほど、その効果は上がる。

また、常にディスカッションを行いながら講義を進めるために、グループワークを多く取り入れていることも特筆すべき点だ。村井教授は言う。
「問題が複雑になるほど、多様なアプローチが必要となる。さまざまな視点を合成することで新たに見えてくるものもある」
今回多くのTAが講師として参加したが、TAとも多くのディスカッションを重ねることで、新たな問題発見とアイデアの研鑽が行われていく。

こうした環境がネットワークの未来を担うべく選抜された15名をしっかりとサポートし、新たなひらめきの源となった。

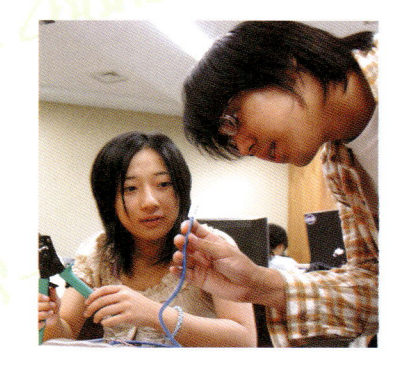

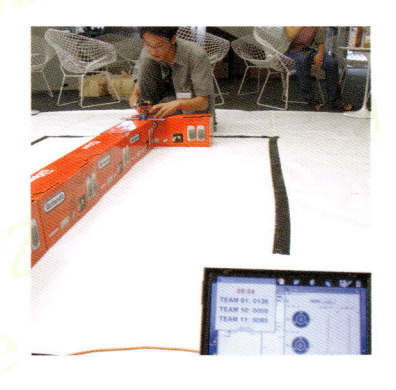

左上から右へ順に：受講生にとってはパソコンを用いての講義そのものが新鮮／屋外でのルーティング実習／指導を受けながらコンピュータ組み立て作業に挑戦／組み立てたコンピュータの動作確認を行う受講生たち／ケーブルも一つずつ自分の手で製作する／村井教授の指導にも熱が入る／cricket LOGOを用いてのプログラミング開発実習の一幕／国際会議も行われるDMC Global Studioは大型スクリーンなどが完備され環境充実／最先端技術が結集したSFCのコンピュータルームを見学／コンピュータの各部品をよく知ることが初めの一歩／頭で考え手を動かして、コンピュータの仕組みを学ぶ／SFCでセグウェイを体験し各々の笑顔がはじける

手と頭をフルに使って
ひらめきを導き出す

PROGRAM DOCUMENT:SIP

上：自ら製作したケーブルでコンピュータをつなぐと、ディスプレイには経路表が表示される
左：コンピュータ組み立てを前に、各部品の構造をチェックし、自分の描くイメージを膨らませる

コンピュータの仕組みを一からひもとく

　インターネットという目に見えないフィールドの創造にあたっては、どんな技術を用いて何の問題を解決するのか、ビジョンを明確にする必要がある。しかし、インターネットは様々な技術基盤の上に成り立っており、全体の仕組みを理解するには膨大な予備知識を要する。新たにアイデアを生み出すとなればなおさらだ。

　第3講から第4講にかけて、村井教授はコンピュータおよび通信ネットワークの講義と実習を交互に取り入れた。反復によって、構造をしっかり理解するためである。

　第3講担当の杉浦講師は、そもそもデジタルとは2進数の数値によって形成されていること、コンピュータは81年に開発されたIBMパソコンが開発されて以降、基本的な構造が変わっていないことなど、基礎の部分から順を追って説明し、商業コンピ

経路表でネットワークの接続をシミュレーションするTAと、真剣にモニタをのぞき込む受講生たち。体験を積み重ねながら若い感性が鍛えられていく。

ュータの歴史をたどっていく。現在のコンピュータも、昔からの技術の積み重ねによって成立していることを知り、受講生たちは基盤となるべき知識を頭に入れる。コンピュータ組み立ての実習へ移ると、試行錯誤しながら製作していく過程で、その知識に実感が伴ってくる。受講生たちは徐々にコンピュータの内部構造を理解し、発想の展開力を身につけていったようだ。

講義の最後、杉浦講師の「このプログラムが終了したら、今日組み立てたパソコンは持ち帰って使って下さい」との言葉に、一同の歓声が上がった。

通信技術のしくみを体感的に理解する

第3講で基礎知識をしっかりと体感したうえで、続く第4講ではいよいよネットワーク実習に臨む。シリアル通信、イーサネット通信、ルーティングを担当したのは石原講師と三島講師。コンピュータの構造と同様、通信についても自らの手でケーブル製作やパケット転送の設定を行うことにより、その構造を学習し、知識を身体で覚え込んでいく。受講生の知識吸収のスピードは目覚ましく、「電圧の高低などによって、デジタルの表現を2進法より効率的に行うことはできないのか」、「通信の互換性を保つために、通信速度をネットワーク上で統一する必要はないのか」など、技術的な側面から高度な質問を投げかけ、講師たちを感心させた。彼らは、すでに現状の通信技術の先をいく最先端の通信手段を見い出すため、自らのイメージを膨らませ、模索を始めている。その眼差しは、未来を見据えた研究者そのものだ。

製作したケーブルをつなぎ、ディスプレイに経路表を表示すると、通信の成功を確認すると共に、経路表の内容を細かくチェック。そして、講義内容と画面を照らし合わせ、この技術を用いて社会のために何ができるか、アイデアを構築していく。

「インターネット内のネットワークも、基本的には今日ここでつくったネットワークと同じ原理でつながっている」

三島講師の言葉にうなずく受講生たち。いくつものヒントをつなぎ合わせ、大きな理解へと近づくための作業は、日を追うごとに進化していく。

From TA（Teaching Assistant／ティーチング・アシスタント）

慶應義塾大学
大学院
政策・メディア研究科
杉浦 一徳さん

好奇心の強さにびっくりです！

今回、インターネットの歴史とコンピュータの組み立てについて講義しましたが、受講生たちの意識レベルは本当に高い！ ひとつ教えると、すぐにいくつも質問が返ってくるし、目が輝いている。この姿勢があれば、将来、本当にすごい発見をしてくれるかもしれない！

人類に貢献する
未来型ネットワークの提案

PROGRAM DOCUMENT:SIP

上：受講生のプレゼンに、「自分のアイデアがビジネスとして機能するかどうかまでイメージするべき」とアドバイスを送る村井教授
下：cricket LOGOを用いてのプログラミング実習では、車の模型を制御することに挑戦

3人ずつセグウェイに試乗し、移動体通信の実習を行う。「来るべき高齢化社会では、セグウェイとアドホックネットワークとの融合が、大きな意味を持つ」と村井教授。

グループワークで切磋琢磨

プログラムは佳境へとさしかかった。第5講はインターネット研究の最前線基地、SFCでの2泊3日のキャンプ。cricket LOGOを用いてのプログラミング、アドホックネットワーク通信、セグウェイと移動体通信の連携など、現在開発中の技術を体感し、ネットワークによる新しい社会的サービスの可能性を探る。実習は村井研究室のスタイルを踏襲し、グループワークが中心。意見交換を行うには最適の環境だ。

「きっかけを生むのは個々のイメージの力。しかしそれだけでは限界がある。本当の問題を解くためには、皆の知恵を集めて合成し、イメージを研磨する必要がある」

研究にとって、いかに環境づくりが大切

かがわかる。

　受講生たちにもっとも刺激を与えたのは、SIP開催前から話題になっていた「セグウェイによる移動体通信の実習」。試乗してみるや「今まで経験したことのない感覚!」など、口々に感想を漏らす。実習では、セグウェイにアドホックネットワークを搭載して得た受信データを確認。「これを実用化できれば、夜不審者が近づいてきても周囲の人に信号を送れる」。それはまさに、技術を実生活に生かすための「未来創造の現場」だった。

問題解決法をデザインする

　SIPの最終日、15名の現役高校生たちはプログラムの集大成ともいえるプレゼンテーション大会に臨んだ。「発見だけでは無意味。解決方法をデザインしてはじめて発見と呼べる」という村井教授の言葉にならい、ふとしたひらめきを突き詰め、ディスカッションによって磨き上げたアイデアが、次々と発表される。「119番通報のインターネット化」、「インターネット自動車を利用した安全な自動車社会」など、社会生活に貢献する先見的な提案が続いた。村井教授は感心しながらもさらに期待を込め、「10年やるからその問題、君が挑戦しろよ!」と激励を送ったり、「限定したシチュエーションで問題をとらえれば、解決策が見つかりやすい」とアドバイスしたり。受講生たちの問題発見・課題解決能力の高さは、強く村井教授の胸を打ったようだ。

　すべてのプレゼンを終え、高校生によるITへの挑戦はひとまず幕を降ろした。しかし、本当の試練はこれからだ。「ここで得たものを武器に受験に挑み、大学で多くのことを学び、自分を磨いていってほしい」。決意に満ちた彼らの表情が、このプログラムの成功を物語っていた。

From TA (Teaching Assistant／ティーチング・アシスタント)

慶應義塾大学
大学院
政策・メディア研究科
南 政樹さん

この子たちなら
SFCでも通用する!

キャンプやプレゼンテーション大会で、受講生たちを見てきました。彼らのディスカッションの内容は、本当にハイレベル。SFCでもグループワークを頻繁に行いますが、遜色ないですよ。こんなに目的意識の高い高校生がいるなんて、正直驚きでした。

OUTCOME
一回り大きくなった高校生たち

　ネットワークという未知の領域へ分け入り、貴重な体験を積んだ15名。10代の若い頭脳は、好奇心の命ずるまま真綿のように知識を吸収し、最先端技術を探究することの楽しみを知った。特にSFCでのキャンプ以降は、村井教授に直接指導してもらえるチャンスを自分のものにしようと先を競って問題提起し、自らの見据える目標に向かって突き進んでいく意欲がはっきりと表れていた。「我々からバトンタッチしたい」という村井教授の願いは、すでに現実になり始めているのだ。

　閉会式に出席した受講生は皆、未来へと希望をつなぐたくましさを身につけていた。課題を一つひとつマスターし、最先端技術を応用するまでに成長したことが、彼らに確かな自信を与えたのだ。

　「自分たちのための社会基盤は、自分たちの手でつくる」という自覚とともに、彼らは巣立っていく。

飽くなき好奇心が
自分を試し、つかみ取った新しい可能性

MESSAGE
新たな未来を創造するリーダーたれ！

村井先生から「贈る言葉」

　今回、「未来型ネットワークの創造」を目的に、通信技術の実習、プレゼンテーション、グループワークでのディスカッションなどを行いましたが、非常に大きな手応えを感じましたね。受講生は皆好奇心が強く、新しい知識をすぐに吸収していく。その意識の高さは、大学生、大学院生の中に入ってもまったく遜色ない。思わず「君たち全員、俺の研究室に来い！」と口走ってしまったほどです。

　2011年の地上波テレビ停波は、ネットワーク研究におけるターニングポイント。メディアのデジタル化がほぼ完了することで、インターネットの有用性は飛躍的に増大していきます。その意味では、これからの約5年間はクリティカルな時期となり、今まで以上のアイデアとセンスが要求されるでしょう。そんなときこそ、若い感性が育むユニークな視点が必要となるはず。私は、約5年後に迫ったこのターニングポイントに向けて、彼らが大学で何を学び、何を見つけるのか、非常に楽しみにしています。社会に貢献する技術を生み出せるかどうかは大学での研究次第。イメージを蓄え、アイデアを磨き、新たな発想を持ち続けることで、次なる未来を創造するリーダーへと成長してくれればいいなと思います。今回のSIPは、そんな彼らが飛躍するための、大きなきっかけとなったはずです。

充実度200％！
Impressions

村井先生に直接会って、講義を聴いたりプレゼンを見てもらったのがすごく嬉しい。今まで考えもしなかったことを聞けて、インターネットの世界が広がった。　（2年生　男子）

ITの技術のこと以外にも、大学がどんな場所で、何のためにあるのかがわかってよかった。受験も気合いを入れたい。　（3年生　男子）

インターネットの歴史でSFCがすごいところなんだとわかって感動しました。進路を迷っていたけど、SFCに行って勉強してみたいと思うようになりました。　（3年生　男子）

パソコンの組み立てでは、時間がなくなって焦ったけど、無事にでき上がって、持ち帰っていいと言われて嬉しかった。自分のパソコンで、やる気が出た。　（2年生　女子）

自分なりにネットワークのイメージが持てたことが収穫だった。これから、ヤフーを使う時とかもリアルな感じが持てると思う。大学に行ってもっと研究したい。　（3年生　男子）

セグウェイに乗れたのがすっごい嬉しかったです！　あんなに何台もあるSFCはすごいなと思うと同時に、セグウェイが高齢社会にも役立つと知って感激しました。　（2年生　女子）

アドホックネットワークとか、今まで聞いたことのない考え方をいろいろ学べてすごくためになった。実習もプレゼンテーションも、大変だけどおもしろかった。　（2年生　男子）

研究は一人でやればいいんじゃなくて、グループワークが大切だと教えられました。この考え方を忘れずにいたい。　（3年生　男子）

すごいおもしろい人たちと知り合えて、友達が増えたことが嬉しい。とくにキャンプではみんなでいろいろ話し合った。大学に行ってもこの仲間とまた会いたい。　（3年生　男子）

何もかもいい刺激になったけど、英語での講義がよくわからなかったので、もっとよく知るためには英語もできなければだめだと思いました。これからやります。　（2年生　女子）

未来を拓く FORWARD TO THE FUTURE

インターネット研究の最先端をリードする村井教授の指導は、受講生たちにとってかけがえのない体験となったに違いない。プログラムを終えた一人ひとりが、大きな課題をなしとげた達成感と充足感を味わった。インターネットの未来は、こうして新たな世代へと受け継がれていく──。

討論を重ねたからこそ真の友達ができた！

SIPというプログラムを通して、メンバー間には新たな友情も育まれた。ときには最先端技術にふれるという貴重な体験を共有し、ときにはグループワークで激しく議論を戦わせ、ときには寝食を共にしたことで、いつの間にか腹を割って話せるようになっていた。短い期間のプログラムとはいえ、普段の生活では味わえない濃密な時間を分かち合ったからこそ、互いを認め、必要とし合える信頼感が生まれたのだろう。

プログラム修了後、彼らは、電話番号やメールアドレスを交換し合った。次の大きな目標は大学受験。SIPの熱い日々をしっかりと心に刻みつけ、また新たな試練へと立ち向かっていく。

次世代へとつながるムーブメント

村井教授は、「大学では、できるだけ多くのことを学び、自分の基盤をつくってください。これからの君たちの可能性は、大学次第で無限に広がっていく」とエールを送った。村井教授の期待に応え、未来を担う人材へと成長するため、受講生たちは今後も切磋琢磨し、前進していくに違いない。

SUPER CR
CULTURAL
PROGRAM

世界各地の文化圏に属する立命館アジア太平洋大学の学生とともに修了を喜び合う受講生たち

OSS-

スーパークロスカルチュラルプログラム
21世紀の国際問題を解決する
リーダーを養成

急速に進展するグローバル化で「地球が狭くなる」一方、文明の衝突、地域・民族間の紛争、異文化への無理解、広がる格差など、国際社会の抱える問題は拡大している。これらを解決するには、多様性を認め合い、相互理解を推進できる真に「グローバルな視点」を身につけたリーダーの育成が必要だ。日本からもそうした人材を送り出すべく、高い志をもって世界中から参集してきた国際学生たちとともに、29人の現役高校生が意見を出し合う「スーパークロスカルチュラルプログラム」が開講した。

PROGRAM MISSION:SC2

異なる世界の多様な価値観を体感
世界のスタンダードを知る
真の国際人になる

立命館アジア太平洋大学（APU）学長
モンテ・カセム
Monte CASSIM

スリランカ大学建築学科卒業。東京大学大学院工学系研究科修士課程修了・博士課程を単位取得。国際連合地域開発センター主任研究員等を経て、1994年より立命館大学国際関係学部教授、政策科学部教授を歴任。2004年より現職。学校法人立命館の副総長も務める。

立命館アジア太平洋大学（以下、APU）の教授および国際学生の全面協力のもと、21世紀の国際社会が直面するさまざまな課題について意見を交わし、理解を深めるスーパークロスカルチュラルプログラム（以下、SC2）は、3日間の短期集中カリキュラムで実施された。「世界の見方を変えた」3日間の内容とは——?

スーパークロスカルチュラルプログラム開催DATA
実施期間／2006年8月14日〜8月16日
対象学年／高校1・2・3年生
参加人数／早稲田塾の内外から29名
実施会場／早稲田塾秋葉原校
受講料／無料

Lecture: 1
- オリエンテーション
- 基本講義
  「研究・発表の方法と考え方、大学の役割」
- グループワーク①
  「ポスタープレゼンテーション」

早稲田塾秋葉原校にて

●国内外のAPU学生と議論を重ね、ものの考え方を学ぶ。

自分たちが分析対象として選んだテーマをポスターにまとめ、その理由を皆の前でプレゼンテーションする。発表と質疑応答を通して、互いの意見や価値観に対し素朴な「Why？」を投げかけ合うことから、プログラムがスタートする。

Lecture: 2
- グループワーク②
  「プレゼンテーション準備」

早稲田塾秋葉原校にて

Lecture: 3
- プレゼンテーション大会

早稲田塾秋葉原校にて

●プレゼンが問題分析能力を高める。

国際問題を解決していくリーダーシップをとるためには、言葉の力で人の心をつかまなければならない。高校生のうちから、インパクトのあるボキャブラリーを身につけ、自分の意見を論理的かつ効果的に展開する力を身につけていく。

SPECIAL INFORMATION

日本初！ 塾に推薦入試枠

2006年夏、早稲田塾がAPUの推薦入学枠を獲得し、大きな話題を呼んだ。「アジア太平洋の未来創造に貢献する有為の人材を養成し、新たな学問を創造する」とのAPUの教学精神が、塾大連携で将来の〈人財〉を育成するという早稲田塾の理念と一致したことによる、日本教育界初の快挙である。同年秋、「早稲田塾特別推薦」による推薦入学者が決定した。

\>>P59

上：2000年4月、大分県別府市に開学したAPU。世界各地から集った若者が共に学び、生活する／下：記念すべき「早稲田塾特別推薦」第1期生代表

異文化交流で「世界」に触れる

PROGRAM DOCUMENT:SC2

民族紛争、資源・環境問題、人権問題など、国際社会に存在する多種多様な課題を解決するには、まず、さまざまな物事の見方や考え方、価値観を理解する必要がある。SC2では、将来への明確なビジョンと高い志を持って世界各国・地域からAPUに留学してきた国際学生と共に、彼らの視点も交えて3日間徹底的に意見交換や討論をすることによって、自分の常識が必ずしも世界の常識ではないことを身をもって体験した。世界の「ハイスタンダード」に触れ、人間や物事のあるべき姿を模索した受講生たちは、世界観が大きく変わるほどの驚きと感動とともに、その視野を大きく広げていった。

人類共通の未来を築く新時代の大学

20世紀、人類はかつてない飛躍と繁栄を遂げた。しかし、科学技術の進歩とともに人類の活動が地球上のあらゆる場所に及び、グローバリゼーションの波が全世界を席巻した結果、21世紀の国際社会は、地域間格差、環境破壊、テロの恐怖など、多くの困難な課題に直面している。

21世紀の夜明けも間近い2000年4月に開学したAPUは、これらの問題を解決し、人類共通の未来に貢献することをめざす新時代の大学である。来るべき地球社会を考えるとき、アジア太平洋地域の平和的で持続可能な発展と、人間と自然、多様な文化の共生が不可欠であるとの認識に基づき、「自由・平和・ヒューマニズム」、「国際相互理解」、「アジア太平洋の未来創造」を基本理念とする。

ここでは、世界各国・地域から集まった未来を担う若者が、生活を共にしつつ相互の文化や習慣を理解し合うという環境が実現している。現在学部生が約5000人で、うち約2800人が日本人、約2200人が国際学生。国際学生は75を超す国・地域から留学している正規の学生で、その大半は欧米の大学同様、英語で入学する。1・2年次に履修する学科の授業は英語と日本語の両方で実施するため、日本語ができない国際学生も英語が苦手な日本人学生も、各々の言語力に応じて授業を選択できる。3年次以上の専門科目は、原則英語もしくは日本語のみで開講。世界中の言語や価値観が混在する中、英語で専門科目を学ぶ環境は、まさに国内で「留学」する感覚である。

学生は卒業後、内外の企業や国際機関で活躍しているが、2006年度からは「ニュー・チャレンジ」と称し、学部教育の改革はもとより、安全保障、環境管理、技術開発やグローバルガバナンスなどの分野における産学連携、国際機関との協働をめざしている。今まで日本になかった、本格的な国際大学の誕生といえるであろう。

世界のハイスタンダードが身につく

75の国・地域から集まっただけあって、国際学生のほとんどは、英語を第二外国語とする多彩な言語・文化圏の出身者。人種・民族・国籍・宗教・生活習慣などにおいて実に多様であり、まさに地球をそのまま縮小したような環境である。

入学後わずか1年で、9カ国語を駆使するようになったマリの学生。徴兵を経験し、国のために死ねると断言する韓国の学生。ムハンマドの教えに深く帰依するイスラム教徒の学生。人身売買された自分の体験をヨーロッパのメディアで発表しているグルジアの学生――APUの学生たちの特質は「スタンダードの高さ」にあると、SC2の指導にあたったアジア太平洋マネジメント学部の横山研治教授は言う。

「意識の高さ、人生の目的意識が日本のレベルとは比較にならないほど高い。そういう世界のハイスタンダードと4年間濃厚に交わっていると、自然とそれが身につく。例えば社会に出てゴミ問題を考えるとき、〈ドイツではティーバッグを5種類にリサイクルしていた〉と知っていれば、当然のように自分も同じことをする。そういう人間は、無条件に社会のリーダーになる」

大学の中にいながら自然に高い水準のふるまいが身につく。それがAPUで学ぶ最大の武器になるというのである。

そんなAPUのエクセレンスたちをTAとして迎え行われたSC2では、APUのキャンパスと同様「地球の縮図」のような環境が整えられたといえよう。29名の現役高校生は、今までの日本における生活の中では触れることのできなかった、多様かつ質の高い物事の見方、考え方、生き方、価値観に出会うことになる。それは、もしかしたら今までの自分の考え方を180度転換してしまうかもしれない。「環境が人を育てる」という横山教授の言葉通り、APUが実践するノウハウを凝縮した3日間が、彼らの人生を大きく変えようとしていた。

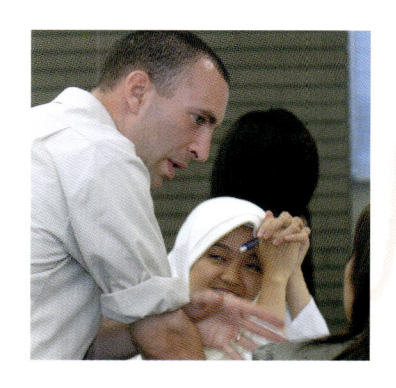

左上から右へ順に：APUの理念について語りかけるカセム学長／身振り手振りを交えながら講義を進める横山教授／「戦争映画の内容と商法」のポスターを作成するグループ／詳細なメモで自分の考えをまとめる／受講生たちの意見を引き出し、サポートするTA／敬虔なイスラム教徒のTAもプログラムに参加した／ホワイトボードに意見をまとめながら議論を進める／知らない世界に触れて驚きや感動をおぼえる／互いの意見をメモに書き出し整理してみる／インターネットも駆使して情報収集／「萌え」をテーマにプレゼンするチームも／TAたちも全力で意見交換に取り組んだ

各自の興味テーマをホワイトボードに貼り出して、それをもとにさらに議論をし、グループのテーマを選んでいく。TAのアドバイスも参考に、考えをまとめる。

PROGRAM DOCUMENT:SC2

生身のコミュニケーションが
互いに理解し合うための第一歩

左：テーマに必要なデータを集め、分析に厚みを増す／右上：横山教授の基本講義で大学の学びの方法論を知る／右下：時間を重ねるごとにTAともすっかり打ち解け、歓談するように

共通の言葉や概念を見つけて理解し合う

SC2の第1日目はまず、横山教授の基本講義「研究の大切さ」から始まった。混沌として複雑で未整理な社会の実相を知るには、それをよく調べなければならない。

例えば同じぐらいの年齢でも、イスラム教の世界に生きる若者と、秋葉原に通い詰める「オタク」的な学生では、社会通念がまるで違う。また、「終戦」と聞いて思い浮かべるもののイメージも、日本人と中国人ではまったく異なる。そもそも部屋に入るとき、欧米人は靴を脱げと言われるとぎょっとするが、日本人は靴のままのほうが汚いと感じるというような違いはどこからくるのか。それを知り、それを乗り越える共通の言葉や概念を身につけて初めて、人間は共同社会で生きていける。そのための考え方や方法を学ぶのが研究である。

「研究は、学ぶ・分析する・発表するという要素からなります。言葉や概念によって物事を細かく整理分類する力。それを他者に説明し、伝える能力。そういう力を身につけるための訓練をする場所が大学です」

横山教授は、大学での研究の基本は議論にあるという。ある物事についてどう思うか、どんな見方があるかを教授や学生同士で議論し、全体で新しい考え方を探ることがもっとも大切。その意味で、世界中から多様な価値観を持つ学生が集うAPUは、またとない豊かな議論の場になるといえる。「この3日間は、そんなAPUでの学びのプロセスをぎゅっと凝縮し、グループワークによる議論を中心に行っていきます」。

グループワークでテーマを掘り下げる

続いて、「人・物・情報が交流すると社会にどのような影響を与えるか」を研究するために、グループごとにテーマを設定し、ポスターに書いて発表することになった。4〜5人ずつ7組に分かれ、各組に2人ずつのTAが加わる。まもなく活発なディスカッションが始まった。

各自が興味のあることを付箋に書き、ホワイトボードに貼り出して、整理・細分化。「国」「在日」「教育」「社会」「お金」などのキーワードが飛び交う。最初はどうしても自分の枠内で発想していた受講生たちも、TAから思わぬ視点を提示され、まったく別の立場からの意見を聞くうちに、徐々に多角的な物の見方を体得していく。

テーマが決まると、各グループ3分間ずつの発表だ。「貧困」「環境と発展」「"萌え"の文化」「日本からのODA」「戦争映画」「ケイタイ文化」「祭り」と多様なテーマが並ぶ。だが発表も質疑応答も、まだ固い印象。「パワーのある言葉で相手に伝えることが大切。人の社会は言葉でできている、言葉を理解することが社会の理解につながります」と横山教授が激励した。

2日目は、各テーマに沿ったデータ収集や、新たな視点からの分析を加えるなど、さらに理解を深める作業を行う。「それ以上、反論はもうないの？」「ケンカするつもりで話し合わなきゃ！」とのTAの言葉にも励まされ、議論も熱を帯びる。

例えば、「貧困」を考えるうえで出てきた、ホワイトバンドの問題。「流行だけで買っちゃう人が多かった」「売上を寄付してないっていう企業の説明がなかった」「でも、あの運動で意識は変わったんじゃない？」「むしろその変化が大事だよね」——。また、「萌え」のグループは秋葉原の街で実地取材、「ケイタイ」のメンバーは受講生にアンケートをとるなど、テーマをより掘り下げるためにそれぞれが工夫を重ね、最終日のプレゼンテーションに備えた。

PROGRAM DOCUMENT:SC2

左：教室には早稲田塾各校から届いた激励の言葉が貼られていた／上：パワーポイントを用い、プレゼンの資料も自ら作成。TAが見やすいように、英語を併記するなどの工夫を凝らすチームもあった

発表する側も聞く側も
参加者全員で議論をつくり出す

社会は新しい考え方によって進歩する

　いよいよ最終日。2日間、それぞれが工夫して掘り下げたテーマについて、15分の制限時間の中で存分にアピールする。「大学ではこの発表の後、論文を書きます。つまり、ここが新しいものを生み出す場なのです。となると、発表する側以上に聴く側も重要。参加者全員が、この場で新しいものをつくり出すつもりで臨んで下さい」。

　七つのグループとも、1日目のポスター発表で選んだテーマをさらに発展させたものだが、いずれも、とても同じテーマとは思えないほど進化した内容だった。戦争映画を扱うことで反戦を訴えた「戦争映画の内容と商戦」、ODAの負の側面に言及した「日本からのODA」、世界の成功事例に学んだ「環境と発展の両立」、携帯の本質に肉薄する「ケイタイ文化」、ワールドカップの社会的影響を探った「祭りとその影響」、所得以外の角度から分析した「貧困への意識の共有に向けて」、日本の一面を鋭く切り取った「萌えよ、闘魂！」と、圧巻なラインナップ。いずれも「人・物・情報の交流と社会」という主題に沿って展開しながらも、「世界の中での日本」という視点を忘れず、十分な分析と説得力のある論証で、横山教授とTAをうならせた。

　教授が強調していた「パワーのある、インパクトのある言葉」もすっかり板につき、自分なりの言葉遣いで、語りかけるようにのびのびとプレゼンする受講生たち。資料に英語を併記したり、英語でのスピーチを加えたりするチームも現れ、TAたちもそのレベルの高さに「国際人の気持ちになってつくっている」と感心。また、聞き手の側の参加意識も非常に高く、制限時間いっぱいまで突っ込んだ質問を投げかけ、会場全体で議論を共有しながらテーマの本質を追求していくという、理想的なコミュニケーションの場が形成された。

　すべてのグループが発表を終えると、横山教授は、「皆さんの勉強を楽しんでいる姿勢に、素直に感動しました」と絶賛。3日間という短い時間の間に、目に見えて成長した彼らを称え、団体賞・個人賞などで激励すると、次のようにエールを送った。

　「ここで勉強したことを忘れず、今後も新しい物の見方、考え方を生み出していってください。社会はそうした新しい情報によって進歩します。皆さんは将来必ずその場の構成員になるのです。ですから大学でその能力を磨き、新しい創造の場に出るための準備をして下さい」

　それを聞く受講生たちの目は、3日前とは明らかに違う地平を見据えていた。自分たちでテーマを見つけ、他者との議論でそれを磨き上げ、異なる視点からも考え直すというまったく新しい体験が、彼らを一回り大きく成長させたのである。

From TA [Teaching Assistant／ティーチング・アシスタント]

立命館アジア太平洋大学
大学院
アジア太平洋研究科
国際協力政策専攻2年
**デブナット サジト
チャンドラ**さん

大学でも通用する
レベルの高さ！

僕たちは、考えをまとめるためのアシストはしたけれど、勉強方法については何も言っていない。でも、生徒たちは次に何をやるべきか、ちゃんと自分たちでわかっていた。最後のプレゼンはどれも力作ぞろいで、驚きました。APUの学生とも議論ができるレベルだと思う。

SPECIAL INFORMATION

この大学で学ぶぞ！
決意を新たにした記念の日

　将来の人材育成という共通の目的のため、「予備校に推薦入試枠設定」という前代未聞の〈偉業〉を成し遂げたAPUと早稲田塾。新しい潮流をつくり出すこの試みに対し、SC2終了後、同プログラムの受講生である何人かの塾生がエントリーした。9月には、塾内での厳正な選考を経て、「早稲田塾枠」での推薦入学者が決定。11月にキャンパス見学が行われた。

　一行はまず、カセム学長に挨拶。一人ひとり握手を交わし、「おめでとう、あなた方を歓迎します」と言葉を拝領。学長とともに記念撮影して、感激もひとしおだ。

　当日は、ちょうどノーベル化学賞受賞者の李遠哲博士による基調講演会が開催されており、終了と同時に何百人もの学生がホールから外にあふれ出したが、あっちで中国語、こっちはスペイン語……いっぺんに5カ国語ぐらいが耳に飛び込んでくる。「すごい」。度肝を抜かれて周囲を見回す生徒。そこへ「Hi！」と数名の国際学生が声をかけてきた。SC2のTAたちだ。「わ～、久しぶり！」。数カ月ぶりの再会に、しばし盛り上がる。「後輩？来年から？ Oh, excellent！」と、彼らからも祝福の声。

　その後、APUの充実した施設を見て回った一行は、それぞれ「2カ国語での授業が楽しみ」「こんなにいろんな国の学生と話せる大学はない」「ここしかないと思ってた」「将来は国連とか国際関係の仕事につきたい」と抱負を語る。その表情には強い意思とやる気がみなぎっていた。新時代の到来を予感させる〈塾大連携〉は、ここでも未来の「日本代表」を育てつつある。

立命館アジア太平洋大学
予備校に推薦入試枠
動機付け重視、出前講座も

　立命館アジア太平洋大学（大分県別府市、モンテ・カセム学長、略称APU）が来春の入試で、高校生向けの予備校（早稲田塾）（本部・東京、相川秀希代表）で学ぶユニークな人材に、大学側は「選抜前提の指定校推薦枠」を設けることが明らかになった。留学生の選抜は海外でも直接募集し、言語能力とともに意志望理由、面接などで学ぶ意欲も見るAO入試を加えた形にする。早稲田塾での指定校推薦は、一般入試なので学ぶのではなく、早稲田塾の枠に入るかどうかで、今年度の学部入試から、早稲田塾の枠に入り、学ぶプログラムを設け、一定のプログラムを受けたプログラムを設け、入学してから、早稲田塾とのさらなる連携プログラムを設け、アジア太平洋地域から人材育成をすることになる。

　APUは、国際社会で活躍できる人材の育成を掲げて2000年に開学した。今春の入学者数は1600人で約50カ国・地域の出身者で、授業の約7割を日英2言語で行うユニークな大学。推薦枠を設けることとなった早稲田塾は東京、神奈川で13校を展開。10年ほど前から、偏差値ではなく、学ぶ動機付けを重要視する点で、理念が一致した。熟生は対象にAO入試や推薦入試の対策プログラムを充実してきた。今年度からは高校3年生を対象に、慶応大学の生命科学やIT、東京都市大学（情報技術）、東京工業大学といった最先端分野で、大学と連携した講座を開設、共同で人材を発掘する取り組みにも着手している。また、英語力など、入学前教育を施される予定だ。APUでは過疎地外からの入学者が多いこともあり、インターネットなどの通信手段、個別指導を塾と連携する。これ以外の教育について大学入学時を見据え、定員50名分を早稲田塾に対し、推薦枠の合格者について、この入試の指定校推薦の合格者数の通常とするAO入試は、合格者の過半数をペーパーテスト以外で選ぶ大学も多くなっており、それまた、大学側でも推薦入試、運動機付けが重要になっている。

（中西茂）

上：2006年7月5日の読売新聞に躍った「予備校に推薦入試枠」の見出しは、教育界の新潮流として関係者に衝撃を与えた

左：APUキャンパスで喜び合う塾生たち／右上：再会を果たしたSC2のTAたちと。彼らと同じキャンパスに通うことになる／右下：大分県別府市にあるAPUは、美しい自然に囲まれ、温泉地も近い

OUTCOME
初めて知った「共有する喜び」

SC2を通して横山教授が繰り返し説いた「社会で生きることは、社会の中で共通の言葉や概念を身につけること。そうして初めて、社会の中で同じ生き方をし、同じ目的のもとに社会を変えることができる」というアプローチは、現代社会に欠くことのできないものだ。文化や習慣だけでなく、性別、年齢、過去の体験などさまざまな違いを乗り越えて、互いに共通するものを見出す。そこにあるのは、「共有する喜び」である。しかし、それは生身のコミュニケーションからしか生まれない。本気で対峙し、議論をぶつからせた果てに、相手の考えがわかり、意思の疎通ができたと感じる瞬間、強く感じる喜び。この喜びこそ、人が連帯感を持つためには重要な感動であり、人と人の心をつなぐための大切な方法なのだ。「共有する喜び」は、29名の現役高校生たちの物の見方・考え方を大きく変えた。

物事へのまなざし
共感を大切にしていけば世界は一つになれる

横山先生から「贈る言葉」

MESSAGE
人間の本質的な喜びを忘れずに

僕自身がAPUに来て大きな衝撃を受けたのは、一人のイスラム教学生の言葉でした。ラマダン(イスラム暦9月に夜明けから日没まで断食すること)の時、水も飲んではいけないという教えを守り、彼は自分の唾液すらハンカチに吸わせます。その辛さをどうやって乗り越えるのかと聞くと、「世界には貧しくて食料も水も口にできない人々がいる。それを思えば苦しくないし、むしろその人たちと価値観や考え方を共有していると思うことで心が豊かになるんです」。そのスタンダードの高さに驚嘆し、感動するばかりでした。

世界のそうした多様な価値観に触れてほしいと願って指導してきましたが、皆さんの姿勢に大きな手応えを感じました。ディスカッションでは、世の中を良くするための解決法を誰もが懸命に模索し、提案しようとしていました。一つでも多くを知ろうと前向きだった。きっと物事のとらえ方、新しい見方、その共有の仕方がわかったと思います。これこそが学びの喜びであり、いい点数をとった、偏差値が上がったなどの個人的な達成感を超えた、人間の本質的な喜びでもあります。それを知れば、嫌々やっていた勉強にも目的を見出し、知る喜びを感じられるはずです。この体験はいずれ大学や社会で必ず役立つものですから、SC2を忘れずにがんばって下さい。

充実度200％！ Impressions

いろんな人と話せて、ものすごく楽しくて、いい経験になった。もっともっといろんなことを話し合いたかった。ぜひAPUで再会して、議論や研究をしたい！　（3年生 女子）

一から自分たちでテーマを設定して、自分たちでどんどん進めていくという、普段できない体験ができて本当によかった。これからの自分に役に立つと思います。　（2年生 女子）

学校とはまったく違う友達ができて、高い目的や意志に刺激を受けた。世界に友達をつくるという夢がかなった。　（1年生 女子）

年下の勢いに自分の役割を思い出し、同年代の言葉にハッとさせられた3日間。このままでは終わらせない。この体験を、受験やその先につなげていきます。　（3年生 女子）

国、性別、年齢すべて越えて、真剣に議論しぶつかり合って、一つの目標のためにまとまった。この短いけど濃い経験を、必ず人生の糧にしていきます。　（2年生 女子）

この短時間でこんなに大きなことをやれるんだと驚いたし、自信も得られた！　外国人の平和や日本政府への考え方を聞けて本当にいい経験になった。　（3年生 女子）

周囲の人の熱意や真剣さに圧倒されて、最初は何をすればいいかわからなかったけど、TAの皆さんや教授のサポートで有意義な3日間となり、感謝してます。　（1年生 男子）

グループで一つのものを作り上げるということは、すごく大変だったけど、たくさんのことを学ぶことができた。この先、視野を広げて物事を考えていきたい。　（3年生 男子）

この先の人生に大変化があるような、ものすごい大きな影響を受けました。大感動！ものすごくAPUに行きたいです！　（3年生 女子）

苦労した分、得たものも大きかった。人と意見を出し合って一つのものを作り上げていく大切さを知った。最後に皆がまとまった時、涙が止まりませんでした。　（2年生 女子）

を変えた3日間 FORWARD TO THE FUTURE

3日間という短い時間のうちに、問題発見力、調査・情報収集力、ディスカッションで考えを磨く力、人の心をとらえるプレゼンテーションの力など、大学で学ぶための基礎的な姿勢を身につけた受講生たち。生まれて初めて言葉を交わした国際学生との交流ともあいまって、今までの世界観を変えるほどの体験となった。

外国人の友達がたくさんできた！

APUで世界を学ぶ学生たちとのコミュニケーションという貴重な体験を通じて、メンバー間には、年齢や国籍を超えて固い友情が芽生えていった。ディスカッションの合間に聞いた未知の風土や生活の話は、彼らの好奇心をいっそう刺激し、世界への関心を高めた。そして、「言葉の力でわかり合える」という体験を共にした彼らは、強い絆で結ばれた。閉会式では、感極まって泣き出す受講生やTAも出たほど。互いにメールアドレスを教え合うなど、国際問題に取

世界に広げよう共感のネットワーク

り組む仲間として、今後も情報交換を行っていこうと話し合った。こうした小さなネットワークが広がり、各地のネットワークとつながっていけば、やがて世界を動かす大きな原動力にもなり得る。
「自分の常識を疑って下さい。価値観をどんどん変えて下さい。世界で通用する人間になるためには、そういう努力も必要なんです」という横山教授のメッセージ通り、彼らはきっと世界に飛び出していくだろう。強く羽ばたけ——世界は次世代の活躍を待っている。

NEXT PHASE OF SUPER PROGRAM

進化・拡大する「スーパープログラム」

SSP（サイエンス）、SRP（ロボティクス）、SIP（IT）、SC2（クロスカルチュラル）の四つに加え、
さらに多彩な「スーパープログラム」が続々誕生。現役高校生の未来の可能性にかけた夢の〈塾大連携〉は、
ますます進化しながら拡大・発展し、日本の教育シーンを変えていく──！
さらに、SBP（バイオサイエンス）、SRP、SIP、SC2も2007年に第2期スタート。
日本の未来を担う人財育成プログラムから目が離せない！

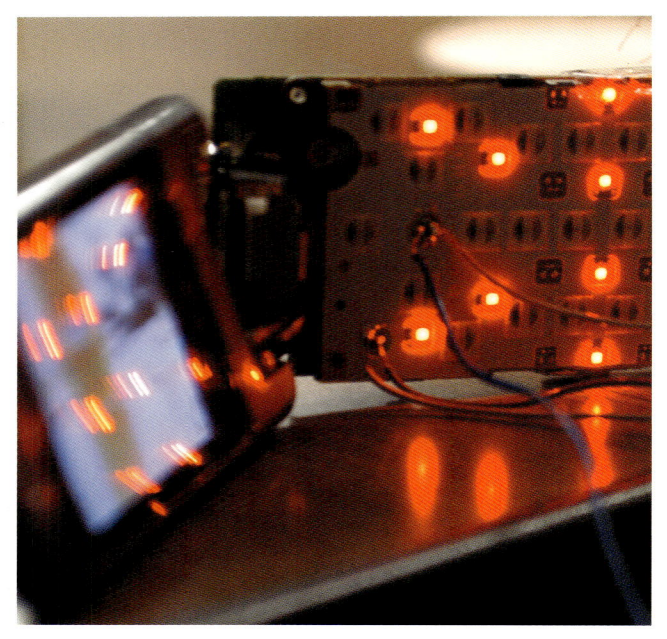

SUPER SPACE SYSTEMS PROGRAM
スーパー スペースシステムズ プログラム
東京大学工学部 中須賀研究室×早稲田塾

S3P

宇宙工学と知能工学の第一人者である東京大学大学院工学系研究科航空宇宙工学専攻の中須賀真一（なかすか しんいち）教授の指導のもと、学生による衛星打ち上げに成功した研究室メンバーとともに実験用人工衛星「カンサット」の製作に挑戦する。
（2006年12月～2007年2月開講）

SUPER LEGAL EDUCATION PROGRAM
スーパー リーガルエデュケーション プログラム
早稲田大学法学部×早稲田塾

SLP

家族法と宗教学の権威でありカンボジアにおける法整備支援にも尽力している早稲田大学大学院法務研究科（法科大学院）の棚村政行（たなむら まさゆき）教授の指導のもと、実際に起こった犯罪を題材にした〈模擬裁判〉を開廷し、リーガルマインドを育む。
（2007年5月～8月開講予定）

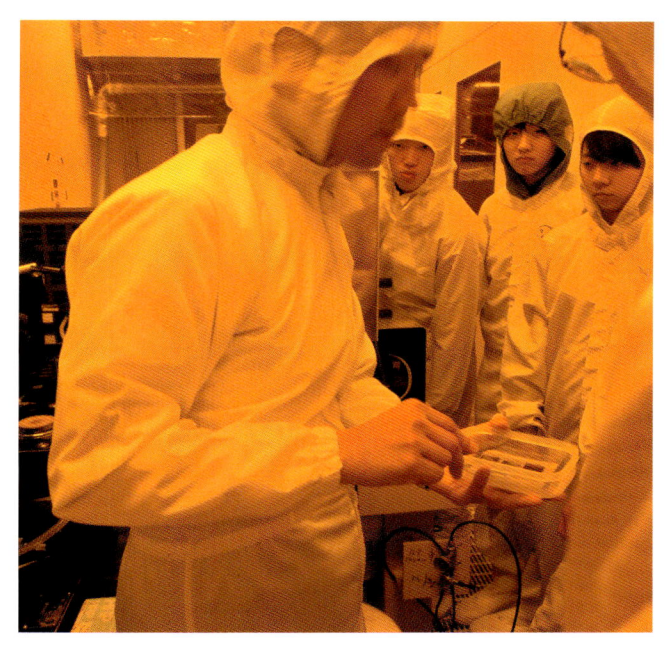

SUPER NANOMECHANICS PROGRAM
スーパー ナノメカニクス プログラム
東北大学工学部×早稲田塾

「マイクロナノマシニング」分野の世界的研究者である東北大学大学院工学研究科附属マイクロ・ナノマシニング研究教育センターの江刺正喜（えさし まさよし）教授の指導のもと、次世代産業基盤技術として注目されている超微細加工技術を学ぶ。
（2006年12月～2007年4月開講）

SUPER ENGLISH WORKSHOP
スーパー イングリッシュ ワークショップ
国際教養大学×早稲田塾

国際教養大学（AIU）学長で世界的な国際社会学者でもある中嶋嶺雄（なかじま みねお）教授の指導のもと、グローバル化時代にふさわしい教養と能力を身につけるため、独自のメソッド「英語集中プログラム」で実戦的英語力を鍛える。
（2006年10月開講）

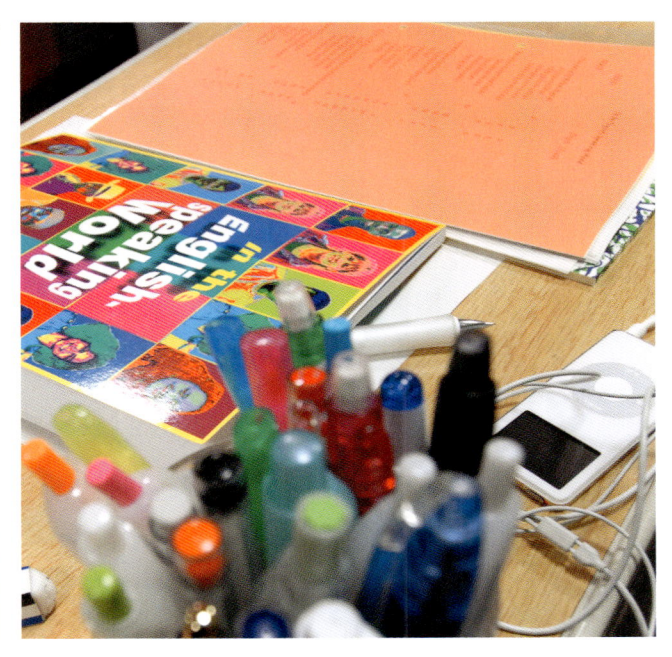

日本一受けたい授業
早稲田塾×大学発 スーパープログラム

発行日　2007年5月7日　初版第1刷

編　著　青丹社
発行人　仙道弘生
発行所　株式会社 水曜社
　　　　〒160-0022　東京都新宿区新宿1-14-12
　　　　Phone 03-3351-8768　Fax 03-5362-7279
　　　　URL www.bookdom.net/suiyosha/
印　刷　中央精版印刷

撮　影　大木作雄、鈴木範行
編　集　高野香子、小野川由基知
デザイン　鈴木惠晴

Printed in Japan
ISBN978-4-88065-186-6

本書の無断複製（コピー）は、著作権法上の例外を除き、
著作権侵害となります。
定価はカバーに表示してあります。
乱丁・落丁本はお取り替えいたします。

早稲田塾
代表・相川秀希が早稲田大学在学中の1979年に設立した、現役高校生専門塾のパイオニア。
東京・神奈川に14校を展開する（2007年3月現在）。
「本物の学力」をテーマに、〈人財育成〉に立脚したカリキュラム、
AO入試をはじめとする新学力観で常に時代をリードしている。
マガジンハウス刊「新大学受験ガイド／塾・予備校ランキング」第1位（2006年）、
オリコン顧客満足度ランキング「受験」部門第1位（2007年）獲得。
2006年より、大学との連携による日本初のプロジェクト「スーパープログラム」を開催している。
www.wasedajuku.com

早稲田塾代表
相川秀希